Herzlich willkommen zu Polygon2,
liebe Leserinnen und Leser.

Es rumort mächtig vor den Europawahlen: in Berlin,
in Paris, in Brüssel, in ganz Europa. Der Ukraine-Krieg,
der Hamas-Terror, die heftig kritisierte Tabula-Rasas-
Strategie der Netanyahu-Regierung in Israel, antiis-
raelische Proteste in der westlichen Welt, gigantischer
Ampelstreit zwischen SPD und FDP, aber auch Grünen
– all dies beschäftigt die Menschen. Welchen Einfluss
dies alles auf die Europawahl hat, wissen wir nicht im
Mindesten. Allerdings kommen aus Paris beunruhi-
gende Umfragen zur Stärke der Rechtspopulisten und
-extremisten. Derweil trägt in Deutschland das Oppo-
nieren der Mitte gegen die in weiten Teilen rechtsextremistische AfD erste Früchte. Die Chaotenpartei ist
endlich nicht mehr auf dem Höhenflug. Derweil konso-
lidiert sich die CDU. Mittlerweile hat Friedrich Merz erstaunlich gute Chancen auf die Kanzlerkandidatur und
vielleicht auch auf die Kanzlerschaft. Literatur gibt es
auch jede Menge in diesem Heft.

Eine anregende Lektüre wünscht Ihnen
Ihr Armin König
Herausgeber

Polygon 2/2024

1. Jahrgang, Heft 1.
Einzelpreis: 16 Euro

Jährlich mindestens 4 Ausgaben

Impressum:

Herausgeber und verantwortlich für den
Inhalt:

Dr. Armin König
art & research südwest
Jahnstr. 9
66557 Illingen

Titel, Gestaltung und Fotos: Armin König

arminkoenig1[at]gmail.com
Druck: BOD

ISSN 2943-2820

ISBN 978-3-948105-38-9

- Echt jetzt?
- Verliert Europa die Jugend?
- Kann Merz Kanzler werden?
- Wird Scholz gestürzt?
- Die Selbstverzwergung der FDP durch Krawallpolitik
- KI als Literaturereignis

Echt jetzt?

*»Auf den Zeitgeist ist kein Verlass, da er die Fronten oft wechselt. Manchmal den-
ke ich, man braucht nur zu Hause im Stuhl zu sitzen und die Händen in den Schoß
legen: irgendwann wird er eintreten und einem Recht geben.«*

Reinhard Lettau (1980): Zerstreutes Hinausschaun. S. 8.

Wird Bundeskanzler Scholz nach der Europawahl gestürzt?

Dass Spitzenpolitiker ihre eigene Regierung schmähen, kam schon öfter vor, zum Beispiel 2010 zu Zeiten von Bundeskanzlerin Angela Merkel (CDU). FDP-Minister Daniel Bahr (wer kennt ihn noch? er war Gesundheitsminister[1]) bezeichnete die CSU als »Wildsau«. Daraufhin nannte der damalige CSU-Generalsekretär die Liberalen »Gurkentruppe«.[2]

Das war eine ungewöhnliche Umgangsweise, aber im Vergleich zu den Verwerfungen in der Ampelregierung unter Olaf Scholz ist das noch völlig harmlos. Zwei Monate vor der Europawahl wird in diversen Medien spekuliert, ob und wann

---

[1] Von Mai 2011 bis Dezember 2013 war Daniel Bahr Bundesminister für Gesundheit im Kabinett Merkel II. Seit 2014 ist Bahr Manager bei der Allianz Private Krankenversicherung. Was für eine geniale Karriere! Das FDP-Ministeramt (2 Jahre als Praktikant gewissermaßen) als Sprungbrett für die Managerkarriere bei der privaten Krankenversicherung. Das ist die typische Blaupause für PolitikerInnen, insbesondere für FDP, CDU-CSU- und SPD-Ministerinnen und -Minister. Immerhin setzte Bahr sich erfolgreich für die Abschaffung der Praxisgebühr ein.

[2] SZ, 3.9.2013: »Im Juni 2010 zoffte sich die Regierung erstmals lautstark öffentlich. „Die entwickeln sich zur gesundheitspolitischen Gurkentruppe - erst schlecht spielen und dann auch noch rummaulen", so CSU-Generalsekretär Alexander Dobrindt über die Liberalen. Vorher hatte der FDP-Politiker Daniel Bahr, jetziger Gesundheitsminister, die CSU als „Wildsau" bezeichnet. In: »Vier Jahre schwarz-gelbe Koalition : Von Supergrundrechten und Scherbenhaufen«.

die Koalition zerbricht und wann Bundeskanzler Olaf Scholz gestürzt, zum Rücktritt gedrängt oder ersetzt wird. Gedankenspiele ums Kanzleramt wagten schon mehrere bekannte Medien, darunter die Süddeutsche Zeitung, Politico, Münchner Merkur, t-online, Focus.

Der »Stern« titelte beispielsweise im Innenteil der Ausgabe vom 20. März 2024: »Lindner und die FDP: So könnte es zum Bruch der Ampel kommen.« Die Leadsätze des Magazins zum Artikel: »Die FDP steckt in der Krise.[3] Christian Lindner will seine Partei aus der Todeszone führen und zielt auf den Sommer. Zerbricht daran die Ampel?« Lindners Agenda heißt nach Ansicht der Zeitschrift »Wirtschaftswende«.

Beim FDP-Bundesparteitag am letzten Aprilwochenende 2024, der mit dem dämlichen Slogan »Wachstun made in Germany« auffiel, wurde diese so genannte »Wirtschaftswende« beschlossen. Wachstuch? Wachstun? Nichtstun? Oder Wa(ch)s? Welche merkwürdige Wortneuschöpfung samt Bundesbabyadler-Neukreation. Ein bisschen kindisch klingt das schon. Oder verzweifelt. FDP-Generalsekretär Bijan Djir Sarai beeilte sich, zu betonen, dies sei kein Ausstieg aus der Ampel. Aber die Medien thematisierten es dennoch so, zumal er von »unüberbrückbaren Differenzen zu den Koalitionspartnern«[4]

---

[3] Stern v. 20.3.2024: Lindner und die FDP: So könnte es zum Bruch der Ampel kommen. Online-Quelle: https://www.stern.de/politik/christian-lindner-und-die-fdp--so-koennte-es-zum-bruch-der-ampel-kommen-34557598.html

[4] DIE ZEIT, 28.4.2024: Djir-Sarai sieht unüberbrückbare Differenzen zu Koalitionspart-

gesprochen hatte[5]. Das erinnert sehr an Graf Lambsdorff und sein 1982er Ausstiegspapier aus der sozialliberalen Koalition.[6]

Das Portal t-online sieht die Koalition in Schockstarre, das Ende sei nahe: »Jetzt verlieren sie die Nerven.«[7]

Bei »wahlkreisprognose.de« liest man unter der Überschrift »Wunsch nach Neuwahlen auf Rekordhoch«, dass nur 28% der Wählerinnen und Wähler befürworten, dass die Koalition bis zum Ende der Legislatur im Amt bleibt. »Eine wachsende Mehrheit (54%) der Wahlberechtigten jedoch spricht sich für vorgezogene Bundestagswahlen aus. Davon bevorzugen 22 Prozent (+8%) Neuwahlen parallel zur Europawahl im Sommer 2024, während 32 Prozent (+2%) sie noch früher wünschen.«[8]

Solche Spekulationen über einen möglichen Koalitionsbruch oder einen Kanzlersturz, insbesondere wenn sie in sozialen Medien nur angeteast werden mit deftigen Schlagzei-

---

nern. https://www.zeit.de/politik/deutschland/2024-04/atomkraft-wiedereinstieg-fdp-bundesparteitag-ablehnung

[5] Warum bleibt man dann in einer Koalition?

[6] Mehr dazu in dieser Ausgabe.

[7] Johannes Bebermeier (2024): Jetzt verlieren sie die Nerven. T-online 20.3.2024. https://www.t-online.de/nachrichten/tagesanbruch/id_100367422/ampelkoalition-verliert-die-nerven-wie-weit-ist-ihr-ende-entfernt-.html

[8] wahlkreisprognose.de: Bundestrend: Scholz und SPD im Abwärtsstrudel. 4.1.2024. https://www.wahlkreisprognose.de/bundestrend-scholz-und-spd-im-abwaertsstrudel/

len, treiben die Clickzahlen nach oben. Vielleicht erhöhen sie auch die Verkaufszahlen der Print-Ausgaben der Zeitungen. In jedem Fall steigern sie die Nervosität der Regierungsmitglieder. Und wo Rauch ist, ist in diesem Fall ja wirklich Feuer. Es lodert allüberall.

Familienministerin Lisa Paus (Grüne) provoziert die FDP mit der Kindergrundsicherung, die FDP lässt Paus auflaufen, Paus b(l)ockt zurück[9], Verkehrsminister Volker Wissing (FDP) provoziert nicht nur die Grünen, sondern auch die Koalition und droht mit Fahrverboten, wenn im Klimaschutzgesetz nicht die Linie der FDP zum Zug kommt, um zugleich noch ein Junktim mit einem zweiten Gesetz zu verbinden. Christian Lindner (FDP) provoziert alle – inklusive der Wählerinnen und Wähler.

Und Hauptstadtauguren spekulieren, ob nach einer für die SPD desolaten Europawahl Olaf Scholz für Boris Pistorius weichen soll[10].

---

[9] tagesschau.de, 10.4.2024,»Paus gegen grundlegende Überarbeitung«: »Der Streit zwischen der FDP und Familienministerin Paus über die geplante Kindergrundsicherung hält an. Die Liberalen fordern eine grundlegende Überarbeitung Paus lehnt das jedoch entschieden ab.«

[10] Als Kanzler in Reserve wird Verteidigungsminister Pistorius mit unterschiedlichen von SZ, Stern, FAZ, Redaktionsnetzwerk Deutschland, Bild, Tagesspiegel, SWR, ZDF und anderen Medien mit unterschiedlichen Schlagzeilen seit Januar 2024 ins Gespräch gebracht.

Echt jetzt?

Wie glaubhaft ist diese Kampagne?

Als größte Bremser in der Regierung erscheinen in der Öffentlichkeit die Freien Demokraten. In den Sonntagsfragen-Umfragen liegen sie stabil unter 5 Prozent, ein Koalitionsbruch würde die FDP in existenzielle Nöte stürzen. Umso mehr überrascht die nach außen zur Schau gestellte Kompromisslosigkeit von Christian Lindners Truppe, denn mit der kapitalkräftigen Stammwählerschaft allein kann die Partei ihre Bundestagsmandate vermutlich nicht sichern.

Wie beim Kanzlerwechsel 1982, als die FDP den Koalitionsbruch in der sozialliberalen Koalition auslöste (Lambsdorff-Papier), müsste sie auch diesmal nach einem Wende- oder Ausstiegsmanöver ums Überleben kämpfen.

Und für eine Koalition mit der CDU/CSU reicht es auch dann nicht, wenn die FDP nach Neuwahlen über die 5-Prozent-Hürde springt. Ein konstruktives Misstrauensvotum im Deutschen Bundestag verspricht derzeit auch keinen Erfolg.

Denkbar ist eine andere Entwicklung, unabhängig davon, ob sie realistisch ist: Die SPD tauscht aus Selbstschutz-Gründen den Kanzler aus. In mehreren Bundesländern ist die SPD bereits auf dem Weg der Selbstverzwergung.

Derzeit[11] versucht es Scholz mit dem Image des »Friedenskanzlers«.[12] Die Deutschen nehmen ihm diese Attitüde aber anscheinend nicht ab. Stattdessen gilt er als Zauderer.

---

[11] 2024

[12] So in SZ, Merkur, FAZ, Spiegel und weiteren Medien.

Die Umfragen des ZDF-Politbarometers sehen Scholz nach wie vor tief im negativen Bereich. Die Deutschen sind sehr unzufrieden mit der Bundesregierung. Und auch im Eurobarometer ist Deutschland in Sachen Zufriedenheit abgestürzt. Eine große Mehrheit ist der Auffassung, dass die Dinge in die falsche Richtung laufen.

Die »Zeitenwende« hat alle Pläne über den Haufen geworfen, das Urteil des Bundesverfassungsgerichts zur Nichtigkeit des Nachtragshaushalts im Herbst 2023 war für die Koalition ein schwerer Schlag, von dem sie sich bis heute nicht erholt hat. Man kann von einem Totalschaden sprechen. Seither hat die Ampel permanent Kurzschlussreaktionen. Jetzt wird auch deutlich, dass die drei Parteien mit ihrer unvereinbaren Programmatik nicht zusammengehören, weil sie nicht zueinander passen.

»Es ist nicht mehr nur ein Anton Hofreiter, der seinem Kanzler vorwirft, ein „Sicherheitsrisiko" zu sein, weil der die Marschflugkörper nicht liefern will. Inzwischen gehen so ziemlich alle aufeinander los.« So kommentiert Johannes Bebermeier den desaströsen Zustand der Ampelregierung.

Die Hürden für Neuwahlen sind allerdings aus historischen Gründen hoch. Anders als in der Weimarer Republik hat die Verfassung Sicherheiten eingebaut, damit die Lage des Landes nicht instabil, der Staat nicht unregierbar wird.

Der Bundestag selbst hat keine Befugnisse zur Selbstauflösung. Neuwahlen führen nur über den Weg der Vertrauensfrage des amtierenden Kanzlers. Anders als bei Helmut Kohl 1983 wäre dies dann keine Schein-Vertrauensfrage, sondern eine echte.

Nach Lage der Dinge im April 2024 ist dieses Vertrauen längst verspielt. Die Koalition lebt in zerrütteten Verhältnissen. Eine Scheidung wäre angesichts der gegenseitigen Sottisen folgerichtig, würden die jeweiligen Parteien nicht ihre eigene Zukunft aufs Spiel setzen.

Vielleicht ist ein Kanzlerwechsel in der Legislaturperiode[13] tatsächlich die einzige Möglichkeit für die Koalition und für Deutschland, bis 2025 doch noch gut über die Runden zu kommen. Es bleibt aber in jedem Fall unübersichtlich in der deutschen Mitte. [14]

Die Union verspricht sich von Neuwahlen einen Aufschwung. Der ist aber trotz signifikanter Fehlleistungen der Ampelkoalition bisher ausgeblieben. Friedrich Merz gilt zwar als unsympathisch, hat aber nach Ansicht vieler überregionaler Medien an sich gearbeitet. Sein Generalsekretär Linnemann verkauft ihn nun staatsmännisch, auch als Oppositionsführer. Bisher stieß die aggressive Art des CDU-Chefs viele Menschen ab. Die Sympathiewerte des Sauerländers könnten besser sein. »Wir arbeiten dran« heißt es

---

[13] Angeführt werden i.d.R. die Wechsel Brandt/Schmidt und Schmidt/Kohl (konstuktives Misstrauensvotum).

[14] Vgl. Korte (2022).

im Konrad-Adenauer-Haus. Möglichkeit zwei, die aber weniger realistisch erscheint: Ein Alternativkandidat der Union wie Hendrik Wüst oder Daniel Günther könnte Stimmen einsammeln, die Merz nicht gewinnen kann. Für die Union lohnt sich offenbar das Drängen auf Neuwahlen. Und Sahra Wagenknecht will mit BSW auch von Neuwahlen profitieren. Unmöglich ist dies nicht.

Vor einem Jahr hätte ich vorzeitige Neuwahlen ebenso ausgeschlossen wie einen Kanzlersturz. Mittlerweile scheint mir der Kanzlerwechsel fast unausweichlich zu sein.

RISIKO! Oder?

Schreibt mir Eure Meinung.

Armin König

Bild: KI-generiert. DALL-E - ChatGPT

Quellen und Literatur

Bebermeier, Johannes (2024): Jetzt verlieren sie die Nerven. T-online 20.3.2024. https://www.t-online.de/nachrichten/tagesanbruch/id_100367422/ampelkoalition-ver-liert-die-nerven-wie-weit-ist-ihr-ende-entfernt-.html

Bergman, Matthew E. et al. (2024): Coalition agreements and governments' policy-making productivity. *West European Politics*, 47(1), 31-60.

Drewes, Oliver, & Marius Minas (2014): "Interview: TIDuP-Direktor Prof. Dr. Uwe Jun im Gespräch."

Fratzscher, Marcel (2023): Warum jeder gerne Mittelschicht wäre. *DIW Wochenbericht*, *90*(39), 542-542

Güllner, Manfred (2020): Der vergessene Wähler. Baden-Baden: Nomos. doi. org/10.5771/9783748912736

Korte, Karl-Rudolf (2020): „Machtwechsel in der Kanzlerdemokratie: Aufstieg und Fall von Regierungen." In: *Handbuch Regierungsforschung* (2020): 1-14

Korte, Karl-Rudolf (2022): Die neue Unübersichtlichkeit in der Mitte: Unikat-Bundestagswahlen 2021. In *Die Bundestagswahl 2021: Analysen der Wahl-, Parteien-, Kommunikations-und Regierungsforschung* (pp. 1-18). Wiesbaden: Springer Fachmedien Wiesbaden.

Plümer, Sandra (2024): Kongruentes Policy-Lernen als lernbedingter Policy-Wandel: Zum Koordinierungsmechanismus des Policy-Lernens in Regierungsformationen. Springer-Verlag.

Stern v. 20.3.2024: Lindner und die FDP: So könnte es zum Bruch der Ampel kommen. Online-Quelle: https://www.stern.de/politik/christian-lindner-und-die-fdp--so-koennte-es-zum-bruch-der-ampel-kommen-34557598.html

Süddeutsche Zeitung: Vier Jahre Schwarz-Gelb in Zitaten: Von Supergrundrechten und Scherbenhaufen. https://www.sueddeutsche.de/politik/vier-jahre-schwarz-gel-be-koalition-von-supergrundrechten-und-scherbenhaufen-1.1755964

tagesschau.de, 10.4.2024,»Paus gegen grundlegende Überarbeitung«. https://www.ta-gesschau.de/inland/debatte-kindergrundsicherung-100.html

wahlkreisprognose.de: Bundestrend: Scholz und SPD im Abwärtsstrudel. 4.1.2024. https://www.wahlkreisprognose.de/bundestrend-scholz-und-spd-im-abwaertss-trudel/

Bild: KI-generiert. DALL-E - ChatGPT

Warum wir uns auf einen Bundeskanzler Friedrich Merz einstellen müssen

Friedrich Merz ist nicht Everybody's Darling, schreiben die Medien[1], sondern eher Rabauke[2]. Das Gegenmodell zu Angela Merkel sei oft unbeherrscht, polternd, arrogant, eitel[3] und stehe sich damit selbst im Weg. Darüber wird schon seit Jahren geschrieben. Geändert hat sich wenig. Bundeskanzler Olaf Scholz lässt noch im Mai 2024 verlauten, ein Gegenkandidat Merz sei ihm »ganz recht«[4].

Dessen Sympathiewerte halten sich in Grenzen, obwohl die Zustimmungswerte zu Olaf Scholz und seiner Ampelkoalition im Keller sind. Trotzdem muss Deutschland sich allmählich an den Gedanken gewöhnen, dass Friedrich Merz

---

[1] So schreibt beispielsweise die ZEIT (»Der Merz-Effekt, 6.6.2022), Merz habe Chuzpe. »Das polarisiert – mobilisiert aber auch die eigenen potenziellen Anhänger, die Fehler zu verzeihen scheinen. Everybody's Darling wird man in Konsens-Deutschland damit nicht. Aber das muss Merz derzeit auch nicht sein.«

[2] Jan Fleischhauer (2021): Der Rabauke.

[3] Fleischhauer (2021)

[4] DER SPIEGEL (2024): Kanzler im Wahlkampfmodus: Scholz über Merz als CDU-Kandidat – »wäre mir ganz recht«: »Es klingt nach einer kleinen Gemeinheit – und das soll es wohl auch: Kanzler Olaf Scholz gibt sich betont entspannt mit Blick auf seinen möglichen Konkurrenten von der CDU.« 12.5.2024.

Bundeskanzler werden kann und vielleicht auch wird – sei es 2025 oder bei einer nicht mehr auszuschließenden vorgezogenen Neuwahl des Deutschen Bundestags.

Merz mag noch als Polterer angesehen werden, aber das muss für ihn später nicht negativ sein, wenn er Kanzler werden will. Denn es ist nicht nur tatsächlich, sondern auch in der öffentlichen Rollenwahrnehmung ein Unterschied, ob ein Politiker als Bundeskanzler oder als Oppositionsführer agiert[5]. Als Oppositionsführer muss Merz die Regierung angreifen[6]. Damit ist noch nichts über seine Eignung als Kanzler gesagt.[7]

Klar ist: Merz kann Machtpolitik. Politik und Macht gehören untrennbar zusammen[8]. Entscheidend wird dann allerdings die uralte Frage vom vernünftigen oder gar guten Gebrauch der Macht – von Aristoteles über Machiavelli, Hobbes, Locke, Kant, Jaspers, Arendt und Jonas bis in die Postmoderne (Butler). Das ist der Schlüssel jeglicher Politik und ihrer Legitimität. Ohne Macht ist gestaltende Politik nicht möglich. Angesichts divergierender Meinungen und des Pluralismus der Interessen ist ein Interessenausgleich über Kompromisse unverzichtbar. Ob Merz dies kann, muss sich zeigen. Als CDU-Vorsitzender ist ihm dies entgegen vie-

---

[5] Vgl. Gabriel (2019).

[6] Vgl. Gabriel (2019).

[7] Ohr et al. (2013).

[8] siehe u.a. Friedrich Nietzsche, Max Weber, Michel Foucault, Niklas Luhmann, Judith Butler, Pierre Bourdieu; zusammenfassend: Bublitz (2003).

len Erwartungen relativ gut gelungen. Allerdings hat er seine Richtlinienkompetenz als Parteivorsitzender ganz machivellistisch genutzt, um Angela Merkel und ihre Anhänger*innen ins Abseits zu stellen und deren Grundzüge der Politik in Teilen zu eliminieren, um die CDU zu profilieren. »Bequemere«Teile der Merkel-Anhängerschaft hat er eingebunden und ins Team integriert – mit der Aussicht auf Karrierechancen: Es ist das alte Prinzip der Deferred oder Delayed Gratification Pattern[9] - der Hoffnung auf künftige persönliche Gratifikationen durch ein Prinzip der aufgeschobenen Belohnung. Möglicherweise zieht es ja.

Charismatische Macht und Leadership sind als Bundeskanzler*in notwendige Erfolgs-Voraussetzungen, wobei das Charismatische durchaus ambivalent zu sehen ist. Bei Scholz wartet die Öffentlichkeit noch auf diese Voraussetzungen. Merz traut man immerhin Leadership zu, charismatische Macht wird ihm dagegen nicht zugeschrieben, autoritäres Gehabe schon eher. Das ist eine zweifelhafte Qualität im 21. Jahrhundert. Aber offenbar ist er schnell lernfähig.

Zwingend notwendig sind Netzwerke der Macht in der Digital- und Informationsgesellschaft, seit den bahnbrechenden Arbeiten von Castells[10] ist dies Allgemeingut. Mit der

---

9 Mischel et al (1989): Marshmellow-Test.

10 Castells (2001): Das Informationszeitalter Wirtschaft - Gesellschaft- Kultur. Teil 1: Der Aufstieg der Netzwerkgesellschaft; Teil 2: Die Macht der Identität; Teil 3: Jahrtausendwende.

Institutionalisierung kommt auch Macht. Wer für ein wichtiges Amt gewählt ist, dem wird auch Macht verliehen. Das gilt in besonderem Maße für das Amt des Bundeskanzlers. Er oder sie bestimmt nach dem Grundgesetz (Art. 65) die Richtlinien der Politik. Ohne die Macht des Bundeskanzlers und seiner Regierung wäre die Realisierung der deutschen Einheit nicht möglich gewesen, um ein Schlüsselereignis der europäischen Geschichte anzuführen.

Für ältere Politik-Beobachter ist dies ein Déja-Vu-Moment: Als »der Pfälzer« Helmut Kohl sich anschickte, Bundeskanzler der Bundesrepublik Deutschland zu werden, trauten ihm viele dieses Amt nicht zu. Der größte Kritiker kam aus den eigenen Unions-Reihen und saß in München: Der ewige Möchtegern-Kanzler Franz-Josef Strauß (CSU) schmähte den einstigen rheinland-pfälzischen Ministerpräsidenten und Oppositionsführer der CDU/CSU-Opposition im Bundestag. Trotzdem wurde Kohl Bundeskanzler, nicht Strauß. Der setzte zum Tigersprung an und landete als zahnloser bayerischer Löwen-Bettvorleger. Dagegen entwickelte sich Helmut Kohl völlig unerwartet trotz vieler medialer Schmähungen (»Birne«) zu einem der mächtigsten und prägendsten Politiker der Geschichte der Bundesrepublik Deutschland. Kohl wurde der »Kanzler der Einheit«, der Langzeit-Regierungschef, der alle Angriffe von Feinden und Freunden stets abwehrte und bei internationalen Gipfeltreffen, Staatsbesuchen (Mitterrand) und geheimen Diplomatie-Aktivitäten zur deutschen Einheit (Gorbatschow, Bush)

Kohl war ein Profi der Macht[11]. Und er schaffte es, mit seiner jovialen Art, die konservative Wählerschaft zu einer Kanzlerwahlvereinigung zusammenzuschließen. Frondeure wie Lothar Späth und Heiner Geißler stellte er kalt. Seine Macht sicherte er sich über die Landesverbände und die Provinz. Wäre nicht die Spendenaffäre gewesen, wäre Kohl in Rückblick einer der denkmal-geeigneten Bundeskanzler der Bundesrepublik Deutschland. Angesichts der Cum-Ex-Verstrickungen von Olaf Scholz, der wie Helmut Kohl zur Entlastung seiner selbst Erinnerungslücken und Gedächtnisschwächen geltend macht (– bei Kohl hieß es »Blackout« –), relativiert sich Kohls gravierendes Parteispenden-Fehlverhalten ein wenig. Und der von ihm oft beschworene »Mantel der Geschichte« überdeckt mittlerweile negative Seiten seiner Kanzlerschaft.

Man kann Friedrich Merz, den einstigen Blackrock-Finanzmanager, allenfalls in Sachen Körpergröße mit dem jovialen, geerdeten Pfälzer Riesen vergleichen. Ansonsten trennen die beiden Welten in Habitus und Auftreten, strategischem Auftreten und politischer Ausgleichsfähigkeit. Merz fordert harten Konservativismus, Kohl sprach nur von »geistig-moralischer Wende«, beließ es dann aber bei warmen Worten und gefühligen Reden »in diesem unserem Lande«.

Wie Kohl ist auch Merz innerhalb und außerhalb der Union umstritten. Er wird von Medien und Politiker*innen

---

[11] Bahners (2017): Helmut Kohl - Der Charakter der Macht.

attackiert. Anders als Kohl reagiert er nach außen und innen cholerisch und dünnhäutig, zuweilen erratisch, während Kohl viele Probleme aussitzen konnte. Insbesondere die Entmachtung durch Angela Merkel 2002 hat Merz nie verwunden und verkraftet. Das wirkt bis heute nach.

Was also spricht dafür, dass ausgerechet der vielfach heftig kritisierte und wenig charismatische Friedrich Merz zum Kanzler werden könnte?

Merz ist ein Profi der Macht mit autoritären Zügen. Er hat die gespaltene CDU nach emotionalen Kampfabstimmungen um den Vorsitz und heftigen Richtungsstreitereien hinter sich vereint. Einmal 95% und jetzt knapp 90% – das sind erstaunliche Ergebnisse für einen eher ungeliebten Chef. Aber offenbar braucht die CDU derzeit diese straffe Führung. Manche nennen dies Leadership. Mit Leadership und Demokratie hat dies aber wenig zu tun. Es entspricht eher der alten Kader-Geschlossenheit sozialdemokratischer und sozialistischer Parteien. Weil die Wählerschaft Geschlossenheit liebt, zelebriert man sie, um an die Macht zu kommen. Über den Weg wird später gestritten, wie man an der Ampelkoalition sieht.

Die lädt Merz geradezu ein, Bundeskanzler zu werden. Außerdem hat die CDU nach übereinstimmender Meinung aller Kommentatoren ihr konservatives Profil geschärft. Sie wird womöglich Wählerinnen und Wähler der Mitte verlieren, die andererseits aber derzeit kaum Alternativen haben.

Die FDP erscheint in ihrer Dauerblockade derzeit unwählbar. »Regieren« kann man dies nicht nennen. Die Grünen stehen unter Dauerbeschuss fast aller anderen Parteien, und sie haben auch aus ideologischen Gründen viele vermeidbare handwerkliche Fehler gemacht. Deshalb gelten sie gerade als unpopulär. Die SPD hat sich selbst verzwergt und ist weder links noch Mitte, weder Fisch noch Fleisch. Eigentlich fehlt eine Partei der sozial-liberalen Mitte in Deutschland.

Dafür hat Merz die Konservativen in der eigenen Partei besänftigt und der Mitte-Gruppierung und den Sozialausschüsslern der CDA wieder Machtoptionen eröffnet.

Und genau darum geht es in der Politik.

Warum Friedrich Merz Kanzler werden kann?

1. Friedrich Merz ist die klare Nummer eins in der CDU. Er hat damit auch in der gesamten Union den ersten zugriff auf die Kanzlerkandidatur. Das weiß auch Markus Söder. Er wird derzeit nichts unternehmen, um den positiven Trend zu stören. Frühere Erfahrungen haben ihn gelehrt, dass Attacken gegen die CDU-Führung dem Störer nicht nutzen, sondern schaden – nachzulesen in meinem Buch »Bayernbeben«.

2. Friedrich Merz hat in der Union eine Sehnsucht nach Aufbruch geweckt. Die CDU ist wieder kämpferischer geworden. Siege durch Demobilisierung, wie sie Angela Merkel praktiziert hat, sind nicht mehr up to date.

3. Friedrich Merz zeigt, dass es ihm ernst ist. Anders als

andere konservative Parteien in Europa setzt er aber nicht auf einen radikalen Rechtsruck, sondern auf Signale des Konservativismus, ohne die Mitte aufzugeben.

4. Albrecht von Lucke sieht einen gewandelten Merz, auch wenn der »Spiegel« noch immer der Meinung ist, Merz selbst sei sein größter Feind. Lucke: »Der größte Gegner von Friedrich Merz war immer Friedrich Merz selbst, in seiner ganzen Egozentrik, in seiner ganzen Arroganz, in seiner ganzen auch neoliberalen Eindimensionalität.« Der neue CDU-Chef habe aber begriffen, wie er sich selbst im Wege stehe – und er habe sich inhaltlich breit aufgestellt. Zudem habe er sich ein junges Team gesucht und Menschen, die ihn in den Themen ergänzen. (Deutschlandfunk)

5. Friedrich Merz profitiert von Totalversagen der Ampelregierung und der Uninspiriertheit von Bundeskanzler Olaf Scholz, dem Mann ohne Eigenschaften und ohne Leidenschaften und ohne Führungsqualitäten.

6. The trend is your friend: Die Umfragen sehen Merz und seine CDU seit Monaten stabil bei 30 Prozent. Bisher wird dies kaum gewürdigt. In diesen wilden Zeiten der Verunsicherung, der Zersplitterung und des Populismus ist dies ein geradezu sensationell gutes Ergebnis – auch im europaweiten Vergleich. Dabei profitiert Merz auch vom ungewohnt solidarischen Verhalten der eigenen Parteimitglieder.

7. Der CDU-Parteitag 2024 hat die CDU zusammenge-

schweißt. Sie ist nach einem erkennbaren Rechtsruck zu-
sammengerückt. Es gibt wieder ein »Wir-Gefühl«, von dem
allerdings die einstigen Merkel-Anhängerinnen und Anhänger ausgeschlossen sind. Das ist auch das größte Risiko:

8. Friedrich Merz hat die Merkel-Zeit auf geradezu brutale
und unanständige Art entsorgt. Es war die »Ausmerzung« eines über lange Jahre erfolgreichen Politikstils. Die Gnaden-
losigkeit, die Brutalität, die Emotionsfreiheit, mit der diese
Entmerkelung erfolgte, macht frösteln und lässt dann doch
auf politcharakterliche Defizite schließen. Das mag eine persönliche Einschätzung eines langjährigen CDU-Kenners (50
Jahre, davon 47 Jahre aktive Mitgliedschaft) sein. Aber der
Autor steht mit dieser Einschätzung nicht allein.

Conclusio:

Friedrich Merz ist derzeit die unangefochtene Nummer eins,
wenn es um die Anwartschaft auf das Kanzleramt geht. Er kann
sich nur selbst ein Bein stellen. Die Ampel ist im Abstiegskampf,
Olaf Scholz hat die Kabine und die Tribüne verloren. Es ist denkbar, dass Merz die chance für eine langjährige Kanzlerschaft
hat. Vor zwei Jahren noch war dies undenkbar.

Armin König

Referenzen

Bahners, P. (2017): Helmut Kohl - Der Charakter der Macht. München: C.H. Beck.

Bublitz, H. (2003). Foucaults „Ökonomie der Machtverhältnisse "und Luhmanns „Politik der Gesellschaft ". Zum Begriff von Politik und Macht in den Theorien von Michel Foucault und Niklas Luhmann. Das System der Politik: Niklas Luhmanns politische Theorie, 314-325.

Butler, J. (2001). Psyche der Macht: Das Subjekt der Unterwerfung. Suhrkamp.

Butler, J. (2020). Die Macht der Gewaltlosigkeit: über das Ethische im Politischen. Suhrkamp Verlag.

Castells, M. (2001): Das Informationszeitalter Wirtschaft - Gesellschaft- Kultur. Teil 1: Der Aufstieg der Netzwerkgesellschaft; Teil 2: Die Macht der Identität; Teil 3: Jahrtausendwende.

DER SPIEGEL (2024): Kanzler im Wahlkampfmodus: Scholz über Merz als CDU-Kandidat – »wäre mir ganz recht«. SPiegel online 12.5.2024. https://www.spiegel.de/politik/deutschland/olaf-scholz-ueber-friedrich-merz-als-cdu-kanzlerkandidat-waere-mir-ganz-recht-a-8cf3606a-24dd-4cc9-8d53-dd0f0158cb02

Fleischhauer, J. (2021): Der Rabauke. https://janfleischhauer.de/der-rabauke/

Gabriel, O.W. (2019). Der Einfluss emotionaler Botschaften auf die Einstellungen zum politischen Führungspersonal. In: Mayerl, J., Krause, T., Wahl, A., Wuketich, M. (eds) Einstellungen und Verhalten in der empirischen Sozialforschung . Springer VS, Wiesbaden. https://doi.org/10.1007/978-3-658-16348-8_12

Habermas, J. (1992): Faktizität und Geltung : Beiträge zur Diskurstheorie des Rechts und des demokratischen Rechtsstaats. frankfurt/M.: Suhrkamp.

Lucke, A.v. (2022): Wie Friedrich Merz Kanzlerkandidat werden kann. https://www.deutschlandfunkkultur.de/merz-cdu-vorsitzender-100.html

Mayer, T., & Kronenberg, V. (2022). Die Macht der charismatischen (Ver-) Führung. Zur Soft Power von Persönlichkeiten in der internationalen Politik. Macht und Machtverschiebung: Schlüsselphänomene internationaler Politik—Festschrift für Xuewu Gu zum 65. Geburtstag, 159.

Mischel, W. et al (1989): Delay of gratification in children. In: Science 244, 1989, S. 933–938.

Mischel, W. (2015): Der Marshmallow-Test: Willensstärke, Belohnungsaufschub und die Entwicklung der Persönlichkeit. München: Siedler

Ohnesorge, H.W. (2022): Macht und Machtverschiebung. Macht und Machtverschiebung. Schlüsselphänomene internationaler Politik – Festschrift für Xuewu Gu zum 65. Geburtstag. München: Oldenbourg.

Ohr, D., Klein, M., & Rosar, U. (2013). Bewertungen der Kanzlerkandidaten und Wahlentscheidung bei der Bundestagswahl 2009. Wahlen und Wähler: Analysen aus Anlass der Bundestagswahl 2009, 206-230.

Otto, F. (2022): Der Merz-Effekt. Die Union liegt in Umfragen wieder stabil an der Spitze. Irgendwas muss CDU-Chef Friedrich Merz also richtig machen. Aber was eigentlich? In: Zeit online 6.6.2022: https://www.zeit.de/politik/deutschland/2022-06/friedrich-merz-cdu-chef-umfrage

Pache, T. (2024): Merz ist dem Kanzleramt ein Stück näher gekommen. Capital online, 10. Mai 2024. https://www.capital.de/wirtschaft-politik/friedrich-merz-ist-dem-kanzleramt-ein-stueck-naeher-gekommen-34701276.html

Roll, E. (2009): Die Kanzlerin: Angela Merkels Weg zur Macht. Berlin: Ullstein.

Schlieben, M. (2023): Er hat »Merkel« gesagt. ZEIT online 22.6.2023. https://www.zeit.de/politik/deutschland/2023-06/friedrich-merz-cdu-bundestag-opposition

Schwarz, H.-P. (2011): Helmut Kohl. Eine politische Biografie. München: DVA.

ZDF-Politbarometer (2023): Mehrheit hält Merz als Kanzler für ungeeignet. 18.8.2023. https://www.zdf.de/nachrichten/politik/deutschland/politbarometer-merz-k-frage-ampel-koalition-zufriedenheit-100.html

Liberalismus-Debatten

Armins
Parlamentsgeflüster

Provoziert Christian Lindner den Koalitionsbruch?

12 Punkte zur Beschleunigung der »Wirtschaftswende« isolieren die FDP und empören die Ampel-Partner

Lange kann diese Koalition nicht mehr halten, flüstert man in den Wandelgängen des Parlaments und in den Medien der Hauptstadt. Sagte man mir.

Unmittelbar vor dem 75. Ordentlichen FDP-Bundesparteitag in Berlin hat Christian Lindner die Koalitionspartner der Ampelregierung mit 12 »Forderungen zur Beschleunigung der Wirtschaftswende« provoziert, die nicht mit dem Koalitionsvertrag vereinbar sind, bisherige Absprachen über den Haufen werfen und vor allem die Kernklientel von SPD und Grünen zur Weißglut reizen. Einschnitte bei der Rente mit 63, weitere Sanktionen beim Bürgergeld, die Abschaffung von Subventionen in erneuerbare Energien.

Die EEG-Umlage, über die der Ausbau der Erneuerbaren mitfinanziert wird, müsse gesenkt und schrittweise abgeschafft werden. Das deutsche und das europäische Lieferkettengesetz werden abgelehnt. Kann man machen, heißt es im Bundestag, soll man aber nicht. Von wegen: Koalitions-klima. Oder gar Bruch.

SPD-Fraktionschef Rolf Mützenich wies die Pläne aus der FDP klar zurück. »Die Vorschläge der FDP sind ein Über-bleibsel aus der Mottenkiste und nicht auf der Höhe der Zeit«, sagte Mützenich der Nachrichtenagentur dpa.

»Mit wirtschaftspolitischer Kompetenz hat der Beitrag der FDP nichts zu tun, sondern mit weiteren Belastungen für die arbeitende Bevölkerung. Wir werden nichts machen, was Arbeitnehmerinnen und Arbeitnehmer schwächt und den so-zialen Gedanken des Grundgesetzes aushebelt.«

Auch SPD-Generalsekretär Kevin Kühnert lehnt die Vor-schläge des Koalitionspartners strikt ab. »Die SPD lässt nicht zu, dass unser Land mit dem Fingerspitzengefühl von Investmentbankern geführt wird. Grundlage der Ampelkoali-tion ist und bleibt der Koalitionsvertrag«, sagte der SPD-Po-litiker dem »Tagesspiegel«.

Zurückhaltend fällt die Reaktion der Grünen aus. Man will kein Öl ins Feuer gießen. »Die Positionen der FDP sind nicht neu«, sagte Parteichef Omid Nouripour. »Parteitage sind da-für da, Beschlüsse zu fassen und wir haben in diesen Fragen bekanntermaßen unterschiedliche Auffassungen.«

Die Union freut sich und bohrt genüsslich in der Wunde.

CSU-Chef Markus Söder sprach von einer »Scheidungs-urkunde«. Damit erinnert er natürlich an das Lambsdorff-

Papier von 1982. Und es kann ja kein Zufall sein, dass das FDP-Papier von 2024 intertextuelle Bezüge zum Papier von damals hat. Lindner als Lambsdorff? Das passt irgendwie nicht zusammen.

Auch wenn es der FDP nur um maximale Provokation oder auch um wirtschaftsnahe inner- und außerparteiliche Profilierung gehen sollte, wie manche Journalisten unken: Sie vergiftet damit das Klima in der Koalition endgültig.

Eine Perspektive für einen fliegenden Regierungswechsel hin zur Union hat die FDP aber – anders als beim Lambsdorff-Papier 1982 – mangels Mehrheiten und ausreichend starker potenzieller Regierungspartner gerade nicht. Es drohen Neuwahlen und eine Marginalisierung der FDP, die vielleicht für immer aus dem Bundestag fliegen könnte. Das wäre der Worst Case, der bei allen Strategie-Überlegungen ja immer mit zu bedenken ist.

Der kann durchaus eintreten. Denn die echte Klientel der zu einer eher unsozialen Wirtschaftspartei mutierten Freidemokraten liegt deutlich unter 5%.

Angesichts der Sottisen von FDP-Chef Lindner und FDP-Vize Kubicki gegenüber der Union ist nicht damit zu rechnen, dass die FDP »Leihstimmen« aus dem Unionslager erhält, zumal dort CDU-Chef Friedrich Merz selbst einen FDP-light-Kurs fährt, um die Wirtschaft auf seine Seite zu ziehen. Nach anfänglichem Fremdeln, was die Art des situationsgemäßen

Auftretens anging, scheint Merz dies immer besser zu beherrschen. Und in Bayern hat die CSU schon seit jeher den Spagat zwischen Laptop und Lederhose, Wirtschaft, Bauernhof und Bierzelt beherrscht.

Markus Söder macht nicht den Eindruck, dass er der FDP auch nur einen Millimeter Spielfeld im Bereich der Wirtschaft überlassen möchte, zumal er im Freistaat selbst den Freien Wählern und ihrem Chef Aiwanger eine ökonomische Spielwiese überlassen musste.

Von der Union sind keine gnädigen Überläufer zu erwarten, die der FDP ein paar Zusatzpunkte fürs Mitregieren bescheren möchten. Dafür ist in den letzten Jahren zu viel Porzellan zerschlagen worden.

Lindners Volten sind extrem riskant.

Denkbar, dass vielleicht irgendwann die Grünen den Rauswurf der FDP provozieren. Ein gedeihliches Miteinander in dieser Koalition ist kaum noch zu erwarten – stattdessen ist mit katastrophalen Ergebnissen bei der Europawahl, bei Landtags- und Kommunalwahlen zu rechnen.

Spannende Zeiten in Deutschland und Europa. Und für die Freien Demokraten in jeder Hinsicht.

Armin König

Kein bisschen Frieden in Schmidts Bonner Koalition und ein folgenreicher Bruch

Einleitung:

Die Stimmung im September 1982 in Deutschland

Im September 1982 lag Schwermut über der Republik. Noch gab es zwei deutsche Staaten: die Bundesrepublik Deutschland und die DDR. Nach einer Phase der Entspannungspolitik herrschte nun wieder Kalter Krieg wie in den 1950er und 1960er Jahren. Die Bundesrepublik Deutschland war zum ersten Mal seit Brandts Ostpolitik wieder tief gespalten. In dieser bleiernen Zeit großer politischer Debatten stand die sozialliberale Koalition unter Bundeskanzler Helmut Schmidt (SPD) kurz vor dem Scheitern. Eine Vielzahl von Krisen und politischen Spannungen heizt die Lage an. Der NATO-Gipfel in Deutschland und die Mega-Demonstrationen gegen den NATO-Doppelbeschluss waren Wegmarken eines turbulenten Jahres.

Die Spaltung der deutschen Gesellschaft in Fragen der Außen-, Sicherheits- und Friedenspolitik, die damals ihren ersten Höhepunkt erlebte, war mit Händen greifbar. Aufruhr lag in der Luft. Hunderttausende gingen auf die Straßen, um gegen Militarisierung und Aufrüstung im Allgemeinen und gegen die Stationierung neuer atomarer Mittelstrecken- raketen in Westeuropa im Besonderen zu protestieren. Der „NATO-Doppelbeschluss" sorgte für Trouble in der friedens- bewegten, aber auch sicherheitspolitisch verunsicherten Republik. Dafür hatte in den USA der neue Präsident Ronald Reagan gesorgt. Seine Auffassung von Friedenspolitik: Frie- den durch Abschreckung und militärische Stärke.

Allein in Bonn demonstrierten 500.000 Menschen in den Rheinauen gegen die Politik der sozialliberalen Regierung von Bundeskanzler Helmut Schmidt (SPD) und Außenminis- ter Hans-Dietrich Genscher (FDP). Diese Entscheidung hatte nicht nur sicherheitspolitische, sondern auch tiefgreifende soziale und kulturelle Auswirkungen in der Bundesrepublik.

Sportlich war das Jahr 1982 geprägt von einem Mega- Event, das die Gemüter bewegte. Die Fußball-Weltmeister- schaft in Spanien war die Riesenchance, sich in schlechten Zeiten endlich wieder super zu fühlen, hoffte man doch auf einen WM-Titel. Doch Deutschland und die Welt waren nicht begeistert vom DFB-Team, schon gar nicht Algerien. Alle Welt wetterte über den »Nichtangriffspakt von Gijón«, die »Schande von Gijón«, bei dem sich Deutschland und Öster- reich auf ein Spiel einließen, das wenig mit Fußball zu tun hatte, aber beide Teams weiterkommen ließ, während Algerien trotz eines Siegs am Vortag das Nachsehen hatte. Diese unsportliche Art, ein Fußballspiel durch öde Ballschieberei nicht zu spielen, sorgte weltweit für Empörung gegenüber den Deutschen und den Österreichern. Am Ende erreichte die deutsche Mannschaft tatsächlich das Finale und wurde Vizeweltmeister gegen Italien. Das konnte die miese Stimmung wegen des groben taktischen Foul-Spiels von Gijon nicht aufhellen.

Im Showbusiness dagegen hing der Schlagerhimmel plötzlich voller Akustikgitarren, als Nicole mit dem Lied »Ein bisschen Frieden« den Eurovision Song Contest gewann. Nicole träumte musikalisch von der Sehnsucht der Menschen nach Harmonie und Stabilität in einer Zeit, die von politischen Spannungen und Unsicherheiten geprägt war – und ganz Europa wollte mitträumen. Der Frieden, den Nicole besang, stand in scharfem Kontrast zu der angespannten und oft konfrontativen Atmosphäre in der deutschen Politik und Gesellschaft und in der Welt. Deshalb wurde der Wunsch wohl auch in den Rundfunkanstalten der Europäischen Broadcasting Union EBU (Eurovision) begeistert aufgenommen.

Diese Ereignisse bildeten den Rahmen und den Hintergrund für die spannenden innenpolitischen Entwicklungen, die sich im September 1982 zuspitzten. Deutschland stand an der Schwelle zu politischen Veränderungen, die seine Zukunft tiefgreifend beeinflussen sollten.

Das Lambsdorff-Papier und seine Folgen

Das Lambsdorff-Papier, offiziell von der FDP als »Konzept für eine Politik zur Überwindung der Wachstumsschwäche und zur Bekämpfung der Arbeitslosigkeit« verkauft, markierte einen Wendepunkt in der deutschen politischen Geschichte.

Das im September 1982 von Otto Graf Lambsdorff, dem damaligen FDP-Wirtschaftsminister, vorgelegte ordoliberale Memorandum löste einen fundamentalen Machtwechsel aus und leitete gleichzeitig eine neue Ära der Wirtschaftspolitik in Deutschland ein. Das Papier löste den Bruch der sozial-liberalen Koalition aus und ermöglichte es Helmut Kohl, das Amt des Bundeskanzlers zu übernehmen, um dann 16 Jahre zu regieren.

Der Inhalt des Papiers war nicht grundlegend neu, sondern fasste die wirtschaftspolitischen Überlegungen zusammen, die innerhalb der Bundesregierung bereits diskutiert wurden. Lambsdorff kritisierte darin die steigende Staatsquote, zunehmende Abgabenlast und die hohe Neuverschuldung der öffentlichen Haushalte. Als zentrales Problem identifizierte er die hohe Arbeitslosigkeit und schlug vor, auf eine Reduzierung der Sozialleistungen, wie das Arbeitslosengeld und das Wohngeld, hinzuarbeiten sowie die Investitionsbedingungen durch steuerliche Anreize zu verbessern.

Es war das Scheidungspapier der sozialliberalen Koalition. Die sechsstündige Debatte zum konstruktiven Misstrauensvotum wurde sehr emotional geführt.

Auch die Reaktionen auf das Papier waren heftig und gespalten. Gewerkschaften und soziale Verbände sahen in den Vorschlägen eine sozialpolitische Bedrohung, während die FDP die Ideen als notwendigen Schritt hin zu einer marktwirtschaftlicheren Ausrichtung verteidigte.

Die CDU war dankbar für den Machtwechsel, und Helmut Kohl versprach die geistig-moralische Wende, die dann aber nie eintrat. Auch der von der FDP gewünschte Marktradikalismus wurde von der christlich-liberalen Koalition nur ansatzweise umgesetzt.

In diesem Kontext spielten Heiner Geißler und Norbert Blüm, prominente sozialpolitisch engagierte CDU-Politiker, zeitweise auch der damals noch sozialpolitisch aktive Horst Seehofer (CSU), eine bedeutende Rolle als Gegengewichte zu den marktradikalen Ideen der Freien Demokraten. Vor allem die Sozialausschüssler Blüm und Geißler traten für die sozialen Belange in der deutschen Politik ein und milderten die schärfsten Auswirkungen der vorgeschlagenen neoliberalen Politik ab. Geißler und Blüm waren bekannt für ihr starkes Engagement für soziale Gerechtigkeit und soziale Sicherheit und setzten sich mit ihrem großen politischen Einfluss für die Erhaltung des sozialstaatlichen Charakters der Bundesrepublik ein, auch in Zeiten, in denen der politische Wind in eine andere Richtung wehte.

Dreißig Jahre nach der Präsentation des Lambsdorff-Papiers erinnerte die FDP unter dem Vorsitz von Philipp Rösler mit einer Veranstaltung an die »Geburtsstunde einer neoliberalen Ära der deutschen Politik«. Diese Rückbesinnung zeigt, wie tief das Papier die politische Richtung der FDP und die wirtschaftspolitische Ausrichtung Deutschlands geprägt hat.

Ein Déja-Vu-Erlebnis war jetzt das Lindner-Papier zu einer neuen »Wirtschaftswende«. Dass es der deutschen Wirtschaft nicht allzu gut geht, bestreitet nicht einmal Wirtschaftsminister Robert Habeck (Grüne). Nur Bundeskanzler Olaf Scholz erweist sich als überaus unsensibel gegenüber Klagerufen aus der Wirtschaft.

Allerdings hat das Lindner-Papier, das vom FDP-Bundesparteitag erwartungsgemäß mit großer Mehrheit beschlossen wurde und das als Frontalangriff auf die Ampelpartner« (Spiegel) gewertet wird, nicht annähernd die Substanz des Lambsdorff-Papiers.

Nennen wir das Lindner-Papier zur Wirtschaftswende zeitgeistig unterkomplex und un-intellektuell.

Es gilt das alte Motto: »Wie's Gescherr, so der Herr«. Wie das Geschirr des Pferdes, so ist auch sein Herr.

Oder auch literarisch:

Tand, Tand ist das Gebilde von Menschenhand.

Theodor Fontane.

Die Brück' am Tay.

Die ist am Ende unter dem Gejohle der Hexen eingestürzt:

»Hei!/

Wie Splitter brach das Gebälk entzwei.«/

»Tand, Tand/

ist das Gebilde von Menschenhand«.

Armin König

Europawissenschaften

Risikowahl: Europas Permakrise stresst die Menschen

Armin König

Europas Permakrise[1] stresst die Bevölkerung in den meisten EU-Ländern. Deutschland gehört derzeit zu den stressanfälligsten EU-Staaten, in denen das Potenzial für radikalpopulistische Parteien gestiegen ist. Die Daten der Eurobarometer-Sonderumfrage 2023[2] geben eindeutige Hinweise darauf. Während 68% der Befragten die Meinung äußern, dass ihr persönliches Leben in die richtige Richtung geht[3], sagen das im Hinblick auf Europa nur noch 33%[4]. Wenn es um das eigene Land geht, sind es im Durchschnitt nur noch 27%[5]. Dagegen sagen 60 %: »Things are going in the wrong direction«. Die Einschätzung der persönlichen Lage, der Situation in der Europäischen Union und im eigenen Land unterscheiden sich signifikant.[6] Deutschland ist ins

---

[1] EU-Kommissar Breton 2023.

[2] Sonderumfrage von Eurobarometer im Spetember und Oktober 2023, veröffentlicht im Dezember 2023.

[3] Eurobarometer, Datensatz D 73

[4] Eurobarometer, Datensatz D 73

[5] Eurobarometer, Datensatz D 73

[6] Eurobarometer, Datensatz D 73.1

Mittelfeld abgerutscht und hat unverkennbar Krisensymptome.[7] Der Vertrauensverlust ist eklatant, die Stressanfälligkeit hoch, die Verunsicherung der Bevölkerung ebenfalls. Dass die Dinge in die richtige Richtung gehen, sagten im September und Oktober 2023 nur noch 28% der Befragten. Das war ein Einbruch gegenüber März 2023 um 10 Prozentpunkte. Gleichzeitig stieg die Zahl derjenigen, die der Auffassung sind, dass die Dinge in die falsche Richtung laufen, von 45% auf 56%.[8]

Damit ist auch empirisch belegt: Durch Regierungsdefizite und Koalitionskonflikte ist Vertrauen in die deutsche Politik verlorengegangen. Das hat Folgewirkungen, die zum Teil lang anhaltend sind.

Brodocz et al. haben schon 2008 in einem umfangreichen Sammelband auf diese Bedrohungen der Demokratie[9] hingewiesen. Dazu gehören der Verlust politischer Steuerungsfähigkeit in einer globalisierten Welt, die von diversen AutorInnen[10] als besonders problematisch beschrieben wird, und die Kompetenzverlagerungen an supranationale Institutionen wie die Europäische Union. Kritisch sind, wenn es um internationale Gefährdungen der Demokratie geht,

---

[7] König (2024, 12)

[8] Eurobarometer 2023; König (2024, 13).

[9] z.B. Brodocz, Llanque & Schaal (2008, 17); Schmidt (2008, 35-36); Stetter (2008, 100-118).

[10] Eurobarometer 2023; König 2024, 13.

insbesondere nationale Steuerungs- und Machtverluste[11], supranationale Demokratiedefizite[12] der Institutionen (Exekutivlastigkeit der EU bei gleichzeitiger Machtlosigkeit des Europäischen Parlaments), das Scheitern des zunächst propagierten »Spitzenkandidaten-Prinzips«[13] bei der EP-Wahl 2019, das machtpolitisch von Regierungschefinnen und -chefs wie Angela Merkel[14] ausgehebelt wurde, die Entkoppelung von Verantwortlichkeiten, die europaweit juristisch gelöst oder vertagt, aber national oder lokal als Outcomes oder Probleme ankommen.

Seit 2014/2015 ist die Migration ein Musterbeispiel für diese Entkopplung von Verantwortlichkeiten einerseits und die Möglichkeit von Sündenbock-Transformationen auf die höhere Ebene durch kriselnde oder versagende nationale Regierungen. Zu den Unwägbarkeiten gehört auch der Ver-

---

[11] Mit der Parole »Take back control« hatten die Brexiteers in UK einen zweifelhaften Erfolg, der das Vereinigte Königtum bis heute spaltet. Denn die versprochene Rückgewinnung der nationalen Kontrolle hat es so wenig gegeben wie die versprochenen nationalen Lösungen. Die regierenden Tories stecken in Sackgassen, insbesondere in der Wirtschafts-, Handels- und Migrationspolitik. In Ungarn spielt Viktor Orban seit mehr als zehn Jahren auf dieser Klaviatur – um gleichzeitig Milliarden EU-Mittel abzugreifen. Die EU hat einen Teil der milliardenschweren Fördermittel wegen fehlender Rechtsstaatlichkeit in Ungarn gesperrt.

[12] Abels (2020).

[13] Braun & Popa (2018); Braun & Reinl (2024); Crum (2022); Ondarza (2019). Interessanterweise gab es in den Niederlanden tatsächlich einen positiven Timmermanns (Spitzenkandidaten) Effekt; dazu Schakel (2019, 213).

[14] tagesschau.de (2019): Chancenlose Spitzenkandidaten.

lust von Sicherheit durch transnational agierende Terroristen. Paris, Kopenhagen, London, Manchester, Brüssel, Barcelona, Nizza , Berlin, Straßburg, Wien. St. Petersburg – das sind nur einige der Anschlagsorte seit 2015. Allein zwischen Zwischen 2019 und 2021 wurden in der gesamten EU 29 dschihadistische oder rechtsextremistische Anschläge vereitelt.[15]

Zu den Bedrohungen der Demokratie gehören für Brodocz et al. aber auch der »Verlust von Legitimation durch die Verweigerung politischer Partizipation oder wie der Verlust von politischer Urteilskraft durch massenmediale Überinformation.«[16]

Möglicherweise spielt in der Frage der wachsenden Unzufriedenheit auch eine Rolle, dass Interventionen der EU-Kommission und des Ministerrats während der Finanz- und der Schuldenkrise sowie mehrerer Entschiedungsebenen während der Pandemie negative Auswirkungen auf die WählerInnenschaft auf nationaler Ebene hatten. Für Turnbull-Dugarte deutet vieles darauf hin, dass wirtschaftliche Interventionen innerhalb der EU sich negativ auf die Demokratie in den betroffenen Mitgliedstaaten ausgewirkt haben, weil diese exekutiven Interventionen außerhalb der parlamentarischen Abläufe die Manövrierfähigkeit der nationalen

---

[15] Europäischer Rat (2024): Terrorismus in der EU: Zahlen und Fakten https://www.consilium.europa.eu/de/infographics/terrorism-eu-facts-figures/

[16] Brodocz et al. (2008, Klappentext).

Parteien untergraben haben, ihren Wählern klare Entscheidungenn über die Richtung der europäischen Integration zu ermöglichen.[17]

Diese Top-Down-Entscheidungen haben das Anti-Establishment-Narrativ gestärkt[18].

Davon profitieren Populisten. Bei der 10. Europawahl ist mit höheren Wahlergebnissen der AfD und anderer Radikalpopulisten zu rechnen. Deren Ziel ist der »Regime Change«, in letzter Konsequenz kann dies ein Umsturz sein.[19] Die immer offenkundigeren »Bedrohungen der Demokratie«[20] durch rechtsextreme und rechtsradikale Ideologien, Kampagnen und Aktionen sind nicht neu, geraten aber durch die Permakrise in Europa und Deutschland zunehmend in den Fokus der Politik und der Wissenschaft. Ernst genommen hat man dieses Problembündel und die Opposition eines Teils der Öffentlichkeit relativ spät.

Geradezu prophetisch war Brodoczs Warnung vor dem »Verlust von politischer Urteilskraft durch massenmediale

---

[17] Turnbull-Dugarte, Stuart (2019): The impact of EU intervention on political parties' politicisation of Europe following the financial crisis. West European Politics, 43, 894 - 918. https://doi.org/10.1080/01402382.2019.1641779.

[18] Vgl. Mudde (2004).

[19] Unter Identitären und Teilen der deutschen Rechtsextremisten spielt das Narrativ vom »Regime Change«, wie es insbesondere von Sellner oder Neurechten wie Kubitschek vertreten wird, ein große Rolle.

[20] Brodocz, Llanque & Schaal (2008)

Überinformation.«[21] Die Voraussage hat sich mittlerweile auf erstaunlich intensive Weise bestätigt.

Möglicherweise haben Politik und Exekutive die Lage an der »Rechtsfront« falsch eingeschätzt. Hinweise aus Wissenschaft und Publizistik, die in diese Richtung gehen, gibt es schon lange. Unbegreifliche Fehlleistungen von Geheimdiensten und Sicherheitsbehörden rund um NSU, die Ermordung von Regierungspräsident Walter Lübcke, die Hanauer Morde und die höchst gefährlichen Aktivitäten der gewalt- und umsturzbereiten mutmaßlich terroristischen Reichsbürger um Fürst Reuß[22] haben üer Jahre für Schlagzeilen gesorgt, ohne dass es im Hinblick auf die Verfolgung rechtsextremer Aktivitäten zu gravierenden Verbesserungen gekommen wäre. Auch die Öffentlichkeit hat in dieser Hinsicht viel zu lange eine Schläfer-Funktion eingenommen statt jegliche rechtsextremistische und -radikale Kampagne und Aktion zu verdammen und zu ächten.

Der Marsch durch die Institutionen durch rechtsradikale und rechtsextreme Kreise hat längst begonnen (Landtage), die Unterwanderung der Gesellschaft ist fortgeschritten (Landrats- und Bürgermeisterwahlen in Ostdeutschland). Das Radikalentreffen bei Potsdam hat allerdings aufge-

---

[21] Brodocz et al. (2008, Klappentext).

[22] Heinrich XIII. Prinz Reuß und sein mutmaßliches Reichsbürgernetzwerk stehen im Mittelpunkt eines der größten Anti-Terror-Verfahren in der deutschen Nachkriegsgeschichte

schreckt.[23] Die Furcht vor massenhaften Menschenrechts-verletzungen[24] etwa durch Remigrationspläne[25] und einer Gefährdung der Demokratie mobilisiert Menschen, auf die Straße zu gehen.Einwohnerinnen und Einwohner setzen sich zur Wehr.

Sie zeigen Flagge. Das Radikalentreffen in Neu Fahrland bei Potsdam hat die Lage fundamental verändert. Möglicherweise war dies ein Gamechanger. Dies muss sich aber erst noch bestätigen. Die Europawahl wird ein Lackmustest für die Demokratie sein.

---

[23] Correctiv (2024): NEUE RECHTE: Geheimplan gegen Deutschland. Von diesem Treffen sollte niemand erfahren: Hochrangige AfD-Politiker, Neonazis und finanzstarke Unternehmer kamen im November in einem Hotel bei Potsdam zusammen. Sie planten nichts Geringeres als die Vertreibung von Millionen von Menschen aus Deutschland. 10.1.2024. https://correctiv.org/aktuelles/neue-rechte/2024/01/10/geheimplan-remigration-vertreibung-afd-rechtsextreme-november-treffen/

[24] Stichwort »Zwangs-Remigration als rechtsextrms Triggerthema« (König 2024, 43: »Tatsächlich handelt es sich bei den in Potsdam vorgestellten Plänen und Strategien um eine Form der Zwangs-»Remigration«, die den Charakter der Deportationen trägt.« Die von Rechtsextremen und Identitären geforderte Remigration ist rechtswidrig und moralisch verwerflich.

[25] »›Remigration‹ ist ein Paradebeispiel für die verschleierte Sprache der Rechtsextremen: Remigration bezeichnet wissenschaftlich die Rückkehr in die Herkunftsgesellschaft am Ende der Migrationsbewegung eines Menschen. Als politisches Ziel formuliert, macht der Begriff den Eindruck, als handele es sich zunächst um eine Maßnahme im Zuge einer Migrations-Politik.«(Amadeu-Antonio-Stiftung 2024) Als Tarnvokabel und Euphemismus bezeichnet »Remigration« die Absicht fremdenfeindlich ausgerichteter Politik, unter Verstoß gegen die Menschenwürde, Personen »unter unwürdigen Bedingungen aus Deutschland zu deportieren« (Jury des Unworts des Jahres).

Die positive Wirkung von Massendemonstrationen

Massendemonstrationen haben mediale und kommunikative Wirkung. Mit ihrer körperlichen Kopräsenz vieler sind sie ein fundamentaler Akt unkonventioneller und nicht verfasster Partizipation. Emotionen, Gesten, Reden sind in der Lage, Spannung und ein Wir-Gefühl zu erzeugen. Sie sind dadurch ein Machtfaktor, wecken Aufmerksamkeit und bringen Feinde der Demokratie in die Defensive. Zwangs-Remigration als rechtsextremes Triggerthema muss trotz der Kundgebungen weiterhin ernst genommen werden. Die Rechtsextremen und Rechtsradiaklen haben ihr Ziele ja nicht aufgegeben, allen Demonstrationen zum Trotz.

Der Mut der Bürgerinnen und Bürger, sich gegen rechts zu wehren, ist ein wichtiger Punkt. Wichtig ist allerdings ein zweiter Faktor:

Good Governance[26] ist notwendig. Der Begriff Governance stammt aus der angelsächsischen Institutionenökonomik und signalisiert: Es muss ganz anders regiert werden.[27]

---

[26] Williamson (1990; 1996).

[27] Governance signalisiert erhebliche Veränderungen in Politik und Gesellschaft, da neben Hierarchie und Markt weitere Interaktionen eine Rolle spielen. Es geht nach Kooiman (1993) um die Kooperation und Interaktion »zwischen Gesellschaft und staatlicher Ebene als Alternative zur jeweils alleinigen Steuerung durch den Markt (Liberalisierung) oder durch den Staat.« (König 2011, 45) Das klingt zunächst theoretisch, ist aber praktisch realisierbar. Man muss es wollen. Das Problem: Politik und Exekutive (Verwaltung,

Dazu gehören Achtung der Rechtsstaatlichkeit, Offenheit, Transparenz und Rechenschaftspflicht gegenüber den demokratischen Institutionen, Fairness und Gerechtigkeit im Umgang mit den Bürgern.

Die demokratische Gesellschaft verfügt über Power und wird aktiv, wenn sie herausgefordert wird. Die Proteste haben eine signifikante Resonanz erzielt. Diese Art der direkten Partizipation zwingt die Regierenden zu einer konstruktiven, bürgernahen »Cohabitation« mit der Bevölkerung. Das ist neu in Deutschland und sollte als Chance betrachtet werden.

Allerdings deutet momentan nichts darauf hin, dass die Regierenden diese Chance ergreifen. So lassen die Abläufe bei der Novellierung des Klimaschutzgesetzes innerhalb der Koalition und innerhalb des Deutschen Bundestags eher darauf schließen, dass Verbesserungen wegen parteipolitischer Fixierungen nicht möglich sind. Das ging so weit, dass erneut ein Abgeordneter der Opposition das Bundesverfassungsgericht angerufen hat, weil er sich in seinen Rechten wegen nicht notwendiger Eile verletzt sieht. Thomas Heilmann hatte seinen Antrag damit begründet, dass die Bundesregierung mit dem neuen Klimaschutzgesetz weitreichende Änderungen geplant habe. Die Bundestagabgeordneten hätten aber nicht genug Zeit gehabt, sich mit den Änderungen sorgfältig genug zu beschäftigen. Zwar hat der Zweite Senat des Bun-

---

Wirtschaft) geben nur ungern Macht ab. Das müssen sie aber, vor allem an die Stakeholder aus der Bevölkerung.

desvefassungsgerichts den Eilantrag aus Zulässigkeitsgründen abgelehnt[28], aber schon die Notwendigkeit der Klage an sich macht deutlich, dass Respekt vor dem Parlament und vor der Öffentlichkeit auch weiterhin nicht zu den Kernkompetenzen der Regierung Olaf Scholz und der sie tragenden Parteien SPD, Grüne und FDP gehört.

Stattdessen beherrschen Selbstblockaden, Fremdblockaden, schlechte Kompromisse und in schwer oder unverständliche Gesetzesvorlagen und Gesetze nach wie vor den bundespolitischen Alltag.

Mit parteipolitischem Autismus stellt sich die Ampelregierung immer wieder selbst ein ungenügendes Zeugnis aus. Das ist insofern gefährlich, als im Laufe der Zeit der Frust der Öffentlichkeit trotz des Aufbegehrens gegen Rechtsextremismus wieder steigen könnte.

Die Bevölkerung ist nach wie vor gestresst von politischem Dilettantismus in Deutschland und Europa. Andererseits lassen die Abwahl der PiS-Regierung in Polen und die wachsende Opposition gegen Orban in Ungarn hoffen. Und in Deutschland ist die Bevölkerung offenbar so geduldig, dass sie der Ampel offenbar zubilligt, ihr Muddling Through noch bis zur regulären Bundestagswahl 2025 weiterzuführen. Für die beteiligten Parteien kann das trotz dieser Geduld des Publikums zu einem veritablen Wahldesaster führen.

---

[28] 2 BvE 3/24

Die potenzielle Selbstvernichtung der wieder zur Kleinpartei gewordenen FDP durch administrative und politische Obstruktion und die Selbstverzwergung der SPD durch Kanzler-Führungsschwäche, als faul empfundene Kompromisse und eine falsche Agenda geht auch Mitte 2024 trotz bevorstehender Europawahl unvermindert weiter. Das verblüfft, geht es doch um existenzielle Fragen.

Sind traditionsreiche Parteien möglicherweise überfordert mit der Aufgabe, innovative Politik in turbulenten Zeiten für eine zumindest gefühlte zukunftsorientierte Mitte des Volkes zu machen? Oder gibt es die nicht?

Dann sollte ein Bundeskanzler mit seinem Charisma und seiner Richtlinienkompetenz kreative Überzeugungsarbeit leisten. Ob das allerdings die Aktentasche eines Olaf Scholz, die nun auf Tiktol viral ging, ist, darf mit Fug und Recht bezweifelt werden.

AK

Literatur

Abels, Gabriele (2020): Legitimität, Legitimation und das Demokratiedefizit der Europäischen Union. In: Becker, P., Lippert, B. (eds) Handbuch Europäische Union. Springer VS, Wiesbaden. https://doi.org/10.1007/978-3-658-17409-5_39

Baeck, Jean Philipp; Fromm, Anne (2024): Braune Eminenz. Rechtes Geheimtreffen in Potsdam. Tageszeitung. 26.1.2024.

Braun, Daniela, Popa, Sebastian A. (2018): This time it was different? The salience of the Spitzenkandidaten system among European parties. West European Politics, 41(5), 1125–1145.

Braun, Daniela; Reinl, Ann-Kathrin (2024): The Spitzenkandidaten Process in the Context of the EP Campaign: The Role of Party Competition. In: Ceron, M., Christiansen, T., Dimitrakopoulos, D.G. (eds) The Politicisation of the European Commission's Presidency. European Administrative Governance. Palgrave Macmillan, Cham. https://doi.org/10.1007/978-3-031-48173-4_8

Brodocz, André; Llanque, Marcus; Schaal, Gary (Hrsg.)(2008): Bedrohungen der Demokratie. Wiesbaden: VS.

Christiansen, Thomas & Shackleton, Michael (2019): Spitzenkandidaten 2.0: From experiment to routine in European elections? In L. De Sio, M. Franklin, & L. Russo (Eds.), The European Parliament Elections of 2019 (pp. 43–55). Luiss University Press.

Correctiv (2024): NEUE RECHTE: Geheimplan gegen Deutschland. Von diesem Treffen sollte niemand erfahren: Hochrangige AfD-Politiker, Neonazis und finanzstarke Unternehmer kamen im November in einem Hotel bei Potsdam zusammen. Sie planten nichts Geringeres als die Vertreibung von Millionen von Menschen aus Deutschland. 10.1.2024. https://correctiv.org/aktuelles/neue-rechte/2024/01/10/geheimplan-remigration-vertreibung-afd-rechtsextreme-november-treffen/

Crum, Ben (2023): Why the European Parliament lost the Spitzenkandidaten-process. Journal of European Public Policy, 30(2), 193–213. https://doi.org/10.1080/13501763.2022.2032285

König, Armin (2024): Demos gegen rechts. Die Mitte erwacht. In: Polygon1, S.3-134.

König, Armin (2011): Bürger und Demographie. Partizipative Entwicklungsplanung für

Gemeinden im demographischen Wandel. Potenziale lokaler Governancestrategien in komplexen kommunalen Veränderungsprozesse. Merzig: Gollenstein. (zug. Diss. DUV Speyer)

Mudde, Cas (2004): The populist zeitgeist. Government and Opposition, 39(4), 541–563.

Ondarza, Nicolai von (2019): Richtungswahl für das politische System der EU: die Umbrüche in der europäischen Parteienlandschaft und ihre Konsequenzen für die Union. (SWP-Studie, 9/2019). Berlin: Stiftung Wissenschaft und Politik -SWP- Deutsches Institut für Internationale Politik und Sicherheit. https://doi.org/10.18449/2019S09

Schakel, Arjan H. (2019) Netherlands: A Timmermans (Spitzenkandidaten) effect?, in: Lorenzo De Sio, Mark Franklin, and Luana Russo (Eds.): The European Parliament Elections of 2019. Rome: Luiss University Press, pp.205-219.

tagesschau.de (2019): Chancenlose Spitzenkandidaten. 21-6-2019. https://www.tagesschau.de/ausland/eu-gipfel-389.html

Turnbull-Dugarte, Stuart (2019). The impact of EU intervention on political parties' politicisation of Europe following the financial crisis. West European Politics, 43, 894 - 918. https://doi.org/10.1080/01402382.2019.1641779.

Williamson, Oliver E. (1990): Die ökonomischen Institutionen des Kapitalismus: Unternehmen, Märkte, Kooperationen. Tübingen: Mohr Siebeck.

Williamson, Oliver E. (1996): The Mechanisms of Governance. New York, Oxford: Oxford Univ. press.

Vor der Europawahl: Anti-Eliten-Potenziale

Kann eine linkspopulistische Partei einer rechtspopulistischen das Wähler*innen-Reservoir streitig machen? – Welche Folgen hat dies für Legitimität und Vertrauen?

Armin König

1. Einleitung

Kurz vor der Europawahl 2024 gewinnt die Diskussion über Vertrauen in europäische Institutionen und die Gefahr populistischer Bewegungen für die politische Legitimität Europas Brisanz (exemplarisch Steiner & Landwehr 2018, Rivera Escartin 2020). Wahlerfolge populistischer Parteien in den Staaten der Gemeinschaft (ParlGov 2023) und die wachsende Bereitschaft von Wähler*innen, in nicht weniger als 18 Staaten Populisten zu wählen (Cunningham et al. 2024), zuletzt in der Slowakei, bestätigen dies. Besonders kritisch werden rechtspopulistische Parteien (PRRPs) gesehen, deren Einfluss angesichts stabiler Umfragewerte seit dem dritten Quartal 2023 wächst. Wenn Europa in wichtigen Bereichen (Sicherheit, Sozialleistungen, Klimaschutz, Menschenrechte) nicht mehr agieren kann, weil Populisten immer stärker werden, dann ist das ein wichtiges Forschungsfeld. Blockaden durch Ungarn und Polen und populistische Kampagnen haben schon jetzt einen negativen Einfluss auf Europas Agenda. Das hat Folgen für Legitimität und Vertrauen in die Demokratie. Neu ist die Rolle von Emotionen und die Performance nationaler Regierungen.

Europa steckt in einer »Polykrise« (Tooze 2022) und gleichzeitig in einer »Permakrise« (Breton 2023)[15]: Seit der globalen Finanzkrise überlagern sich Probleme weltweit. Globalisierung, Digitalisierung und Krisen verunsichern, erst recht der Überfall Putins auf die Ukraine. Die Polarisierung wächst, das Vertrauen sinkt, diskutiert wird emotional. Das gilt auch für Deutschland. Unzufriedenheit und Proteste könnten die Europawahl 2024 und Landtags- und Kommunalwahlen stark beeinflussen, da populistische Parteien Krisen für ihre Ziele instrumentalisieren, wie Wahlergebnisse in ganz Europa zeigen.

Zu den umstrittenen Policy-Feldern mit ihren Triggerthemen gehören Migration, Wirtschaft, Klima, Umwelt und die Gender-Politik (vgl. Mau et al, 2023). Die »Zeitenwende«[16] mit ihren Folgen im fiskalen Bereich, das Urteil des Bundesverfassungsgerichts zum Nachtragshaushalt, das zu massiven Einsparungen führte und eine Vertrauenskrise der Ampel-Regierung haben emotionale Debatten ausgelöst. Diese Polykrise stresst die Bevölkerung und gibt populistischen

---

[15] EU-Kommissar Breton 2023.

[16] Zeitenwende: Vom deutschen Bundeskanzler Olaf Scholz nach dem völkerrechtswidrigen Überfall Russlands auf die Ukraine in einer Bundestagsrede ausgerufen.

Parteien dort weiteren Auftrieb, wo es den Regierungen nicht gelingt, mit Good Governance eine gute Performance zu erreichen.

Neue Forschungsfragen stellen sich: Kann eine neue linkspopulistische Partei[17] einer rechtspopulistischen[18] bis rechtsextremistischen[19] das anti-elitäre[20] Wähler*innen-Reservoir streitig machen? Kann man – bildlich gesprochen – den Teufel mit dem Beelzebub austreiben[21], um Gefahren für die Demokratie[22] abzuwenden? Welche Rolle spielen Wut und ähnliche Emotionen bei Parteipräferenzen, wie wichtig sind Einstellungen und Ideologien? Fragen zur Rolle der neuen Linkspartei BSW lassen sich vorerst nur theoretisch aufgrund von Umfragen beantworten. Diese Arbeit referiert Basis-Erkenntnisse (Legitimität, Vertrauen, Populismus, Wut, Angst), um schließlich Schlüsse zur Kernfrage »Kann eine

---

[17] Bündnis Sahra Wagenknech BSW.

[18] Alternative für Deutschland AfD.

[19] Laut Bundesamt für Verfassungsschutz sind Teile der AfD »gesichert rechtsextremistisch«.

[20] Nach Mudde (The populist zeitgeist, 2004) zeichnen sich populistische Parteien vor allem durch ihre Anti-Eliten-Rhetorik und -Attitüde (»Wir gegen die«) aus.

[21] Angesichts des Gefahrenpotenzials der AfD ist eine Gleichsetzung von BSW und AfD ausgeschlossen. Beide sind nicht vergleichbar, auch wenn dies in der politischen Debatte von konservativer Seite versucht wird. Allerdings ist die AfD mittlerweile so groß und heterogen, dass sie auch populistische Protestwähler*innen bindet, an denen das BSW interessiert ist.

[22] Siehe das Treffen von Neu Fahrland bei Potsdam, das im Januar 2024 von Correctiv aufgedeckt wurde.

linkspopulistische Partei einer rechtspopulistischen das Wähler*innenreservoir streitig machen?« zu ziehen.

2. Legitimität und Vertrauen in der repräsentativen Demokratie

Vertrauen ist für die politische Stabilität und Legitimität der parlamentarischen Demokratie in Europa fundamental (vgl. Braun & Trüdinger 2022; Abels 2020). Wird es machtpolitisch gestört oder zerstört (Ungarn), gefährdet dies die Handlungsfähigkeit in den Konsensstrukturen Europas (Kaeding et al. 2020).

Unklar bleibt, wie Demokratie, Legitimität und Vertrauen gestärkt werden können. Einfacher ist es, Akzeptanz- und Vertrauensprobleme der EU und der sie tragenden Regierungen nachzuweisen.

Grimm bemerkt:

> »Dass die Europäische Union an mangelnder Akzeptanz bei den Unionsbürgern leidet, wird nicht bestritten. Ebenso wenig wird bestritten, dass die Akzeptanzschwäche das Integrationsprojekt gefährdet.« (Grimm 2016, 29).

Grimm spricht von »Europa-Lethargie« (Grimm, 30), die die einstige Europa-Euphorie abgelöst habe.

> »Weniger klar ist, worin der Grund der Schwäche liegt und wie sie sich beheben ließe, wenn man annimmt, dass es für die Integration gute Gründe gibt.« (Grimm. 29)

3. Populismus vs. Legitimation und Vertrauen – die Mauk-Studie

Populismus[23] wird als anti-elitäre Bewegung definiert (Mudde 2004; Mudde & Kaltwasser 2013), die das Vertrauen in die liberale parlamentarische Demokratie unterminiert und damit das Integrationsprojekt Europa und dessen Legitimation gefährdet.

Dies ist aber zu eindimensional gedacht, wie Mauk (2020) nachgewiesen hat. Die Forschungsfragen für die Studie Mauks: Gefährden Populisten die demokratische Legitimität, was normativ vielfach behauptet wird?

Oder sind populistische Parteien *im* System ein Beitrag zu mehr Responsivität, Rechenschaftspflicht und Kompetenz, zumindest zugeschriebener Kompetenz? Stärkt dies das Vertrauen in das demokratische System?

Mauk stellt vier Hypothesen auf:

* H1: Der Wahlerfolg populistischer Parteien erhöht das politische Vertrauen in der Öffentlichkeit.

---

[23] »Populism, as defined by Mudde (2004, p. 543), is ›an ideology that considers society to be ultimately separated into two homogeneous and antagonistic groups, 'the pure people' versus 'the corrupt elite,' and which argues that politics should be an expression of the volonté générale (general will) of the people.‹ Both left- and rightwing populist parties are thus united in their criticism of the established democratic procedures, institutions, and political elites (Galston, 2018).« (Mauk, 2020,46)

- H2: Die demokratische Qualität mildert die Auswirkungen des Erfolgs populistischer Parteien auf das politische Vertrauen.

- H3: Korruptionskontrolle mildert die Auswirkungen des Erfolgs populistischer Parteien auf das politische Vertrauen.

- H4 : Die Leistung der Regierung mildert die Auswirkungen des Erfolgs populistischer Parteien auf das politische Vertrauen.

Gemessen wird u.a. politisches Vertrauen in Parlamente, Parteien und Politiker*innen. Das sind die abhängigen Variablen. Sie stehen im Fokus der Anti-Etablishment-Rhetorik populistischer Parteien (vgl. Mauk 2020).

Mauk kommt zum Ergebnis, dass populistische Parteien einen »heilenden« Effekt auf das politische Vertrauen haben:

> *»Despite their anti-establishment and anti-system platform, populist parties gaining in strength could have a healing effect on political trust. For one, populist parties winning votes and parliamentary seats may make the political system appear more responsive to citizens' demands.« (Mauk, 47).*

Demnach steigt durch Populisten im System das Vertrauen insgesamt, weil dann die Wähler*innen populistischer Richtungen eine (Protest-)Stimme in der parlamentarischen Demokratie haben.

Hypothese H1 wird bestätigt: Mauk beschreibt »einen signifikant positiven Effekt des Erfolgs populistischer Parteien auf das Vertrauen der Bürger sowohl in das Parlament als auch in die politischen Parteien und Politiker*innen.« (Mauk, 52)

Die Ergebnisse stützen also »die Hypothese, dass der Erfolg populistischer Parteien als korrigierende Kraft auf das bestehende politische System wirken kann (H1).« (Mauk, 52).

Das ist ein überraschender Befund, der im Gegensatz zu vielen normativen Behauptungen zur Demokratiegefährdung durch Populismus steht.

Differenziert ist die Antwort auf Hypothese 2: In Ländern mit schlechterer demokratischer Qualität (Korruptionsbekämpfung, Performance) steigt das Vertrauen in Parlament, Regierung und Parteien durch Erfolge populistischer Parteien stärker als in Ländern mit besserer demokratischer Qualität. Der Effekt ist signifikant positiv.

Das ändert sich aber bei steigender demokratischer Qualität im Hinblick auf Parlament, Parteien und Politiker*innen:

> »For all three institutions, this effect on citizen trust gradually de- creases with increasing democratic quality and vanishes completely for high-quality liberal democracies, suggesting that citizens may not perceive there to be much room for improvement of the existing political system.« (Mauk, 52-53).

Hypothese 3 wird signifikant bestätigt. Wirksame Korruptionskontrolle mäßigt die Auswirkungen des Erfolgs populistischer Parteien. Nachgewiesen ist dies in Ländern mit hohem Korruptionsindex. Dort steigert der Erfolg von Populisten substanziell das politische Vertrauen in der Öffentlichkeit:

> *»Instead of populist party success having a more detrimental effect on political trust in countries with high levels of corruption – [...] – it is precisely these countries where populist success substantially increases political trust among the general public. This again points to citizens perceiving populist parties as a corrective force that can help tackle the problems – in this case corruption – of the existing political system. Like for democratic quality, populist party success has no effect on political trust at all in those countries where there is little room for improvement.«* (Mauk, 53)

Die Studie deutet an, dass Wähler populistische Parteien als Mittel zur Verbesserung der Regierungsarbeit, besonders im Kampf gegen Korruption, betrachten.

> *»Wie bei der demokratischen Qualität wirkt sich der Erfolg populistischer Parteien in den Ländern, in denen es nur wenig Raum für Verbesserungen gibt, überhaupt nicht auf das politische Vertrauen aus.«* (Mauk, 53)[24]

Praktische Bedeutung hat auch die Bestätigung der Hypothese 4: Ist die Wirtschaftsentwicklung negativ, hat die Wahl populistischer Parteien ins Parlament einen signifikant positiven Effekt auf das politische Vertrauen.

Bei wirtschaftlich erfolgreichen Nationen spielt dieser Effekt keine Rolle.

---

24   Übs. AK

»Populist parties receiving more votes in national parliamen-
tary elections has a significant positive effect on political
trust in countries with a comparatively low level of economic
performance. In countries with high levels of economic per-
formance, in contrast, populist party success does not have
any effect on political trust among the general public at all.«
(Mauk, 3)

Nach dieser Studie sind Korruptionskontrolle, Good Governance und wirtschaftlicher Erfolg in der Lage, den Einfluss von Populisten in Grenzen zu halten. Kritisch an der
Studie von Mauk ist der Zeitpunkt. Sie wurde vor der Corona-Pandemie und dem Überfall Russlands auf die Ukraine
sowie den damit zusammenhängenden wirtschaftlichen Folgen abgeschlossen. Irritationen durch die Regierungspolitik
der Ampel (»Heizungsgesetz« und andere »unpopuläre« Entscheidungen) haben dazu geführt, dass die AfD in Umfragen
bundesweit zeitweise bei über 20% und in Bundesländern
wie Thüringen sogar bei über 30% gesehen wurde.

4. Die Beurteilung der Regierungsqualität

Die Permakrise der Europäischen Union und ihrer Mitgliedstaaten wirkt signifikant auf die Einschätzung der persönlichen und
politischen Lage der Menschen. Das ist das Ergebnis einer Euro-
barometerumfrage im 4. Quartal 2023. Während 68% der Eurobarometer-Befragten die Meinung äußern, dass ihr persönliches
Leben in die richtige Richtung geht, sagen das im Hinblick auf

Europa nur noch 33%. Wenn es um das eigene Land geht, sind es im Durchschnitt nur noch 27 %. Demgegenüber geben 60 Prozent zu Protokoll: »Things are going in the wrong direction«. (Eurobarometer Dezember 2023)

Wachsende Unzufriedenheit sorgt für Polarisierung von Schlüsselthemen, schlägt sich negativ auf die Beurteilung von Politikern (ZDF-Politbarometer) nieder und nützt am Ende oft Populisten. Vor der Europawahl könnte dies zu einem Debakel für die Parteien im Europaparlament führen, die bisher die Mehrheiten organisierten, insbesondere EVP und S&D.

5. Die Mobilisierung der Demokrat*innen

Zwei Sondereffekte sind allerdings in Deutschland zu erkennen: Nach den Enthüllungen des Plattform Correctiv zum Radikalentreffen in Neu Fahrland bei Potsdam sind über Wochen hunderttausende Menschen aus der Mitte der Gesellschaft auf die Straße gegangen, um gegen menschenverachtende Pläne von Rechtsextremisten, Identitären und Sympathisant*innen aus dem Umfeld der WerteUnion zu protestieren. Das deckt sich mit empirischen Untersuchungen, wonach der Wahlerfolg von Populisten das Vertrauen in die Institutionen der Demokratie dann steigern kann, wenn dadurch die Mitte mobilisiert und motiviert wird, für demokratische Werte einzustehen.

Wegen der Aktualität der Ereignisse sind empirische Belege dafür noch nicht publiziert.

6. »The angry voter« und die Rolle von Angst, Zorn und Ideologien

Bisher hat die Rolle von Emotionen in den Untersuchungen zu politischem Vertrauen und Populismus eine eher untergeordnete Rolle gespielt. Das gilt insbesondere für Kernemotionen. Dabei haben sie im täglichen Leben eine zentrale Funktion. Zwar hatte Marcus schon zu Beginn des neuen Jahrtausends eine stärkere empirische Hinwendung zur »affektiven Politik« vorgeschlagen (Marcus 2002). Dies hatte aber kaum Konsequenzen.

> In den letzten Jahren hat sich dies geändert. Seit die Populisten erfolgreich sind, wird mehr zu Affekten und Emotionen im Zusammenhang mit politischen Präferenzen geforscht (Rico et al. 2017; Vasilopoulos et al. 2018; Suhay & Erisen 2017/2018). Marcus widersprach schon zu Beginn der 2000er Jahre der Ansicht, dass »Emotionen in einem antagonistischen Verhältnis zur Vernunft bzw. zum rationalen Subjekt stehen und dadurch schädlich für das Gelingen demokratischer Prozesse sind« (Ayata & Nürnberg, 2022,371).

Das Gegenteil ist der Fall.

Pavlos Vasilopoulos, George E. Marcus et al. (2018) untersuchten die Rolle von Furcht und Ärger im Zusammenhang mit der Stimmabgabe für den Front National nach dem Pariser Terrorattacken im November 2015 (»V13«).

Ihr Ergebnis, das auch von Mauk und anderen Autor*innen referiert oder bestätigt wurde:

> »Contrary to conventional wisdom, we find that anger is associated with voting for the Front National, while fear is associated with voting against the Front National. Moreover, anger boosts the Front National vote most powerfully among far-right and authoritarian voters. On the other hand, fear reduces support for the far right among those same groups.« (Vasilopoulos 2018, Digital-Abstract).

Die gängige Annahme, dass »Angstpolitik« der extremen Rechten in die Hände spielt, wird widerlegt.

Negative Emotionen aus dem Bereich Angst/Wut motivieren dagegen, rechte Parteien zu wählen und populistischen Narrativen zu glauben (Suhay & Erisen 2017,30). Laura Jacobs, Carolin Close und Jean-Benoit Pilet (2020) haben die Hypothesen für Belgien empirisch bestätigt. Da in Belgien Wahlpflicht herrscht, war die Ausgangslage für die Forscher*innen komfortabel. Im Fokus ihrer Studie standen die radikal rechten Parteien VB/PP und die radikal linken Parteien PTB/PVDA. Abhängige Variable war die Wahlentscheidung, unabhängige Variablen »diskrete Emotionen«, politische Vertrauen, populistische Einstellungen und externe politische Effizienz, mit der die Regierungsqualität beurteilt wurde.

Dass radikale Parteien enttäuschte, verärgerte Wähler anziehen, die sich in ihren Rechten, Ressourcen und Privilegien bedroht sehen (Jacobs et al. 2020,3), überrascht kaum. Zorn wird als wichtige unabhängige Erklärung für Wahlentscheidungen anerkannt (neben politischen Einstellungen, Positionen und sozio-demografischen Aspekten). Diese Emotion ist dominant gegenüber anderen negativen Emotionen wie Angst und positiven Emotionen.

Die Studie legt nahe, »dass zornige Wähler eher dazu neigen, für radikale Parteien zu stimmen« - und zwar sowohl für linke als auch für rechte Parteien. Protestbereitschaft verbindet sich mit einer emotionalen Komponente, nämlich mit Zorn. Dieser Zorn über politische Entscheidungen korreliert signifikant mit der Wahl sowohl radikal linker als auch rechter Parteien und zeigt seine Wirkung über politische Einstellungen oder Themen hinaus. Zorn wird als typisch moralische Emotion angesehen, die daher rührt, dass »eine gegebenen Situation unfair oder illegitim ist und dass es kaum Exit-Optionen dagegen« (Jacobs, 9) gibt.

Zorn fällt auf fruchtbaren Boden, wenn die Wählenden eine spezifische Bedrohung sehen, gegen die sie sich wehren (Jacobs, 12).

Rechte und Linke tendieren dazu, »Unzufriedenheit mit der politischen Elite zu kanalisieren und diese zu kritisieren für das, was falsch läuft in der Gesellschaft«. (Jacobs, 12) Stigmatisierung von Parteien schreckt allerdings Wählende ab (vgl. Decker 2007).

Spannend ist, dass Linke und Rechte in Belgien sehr unterschiedliche »Sündenböcke«, verschiedene Triggerthemen und unterschiedliche ideologische Standpunkte für ihren Populismus haben. Wenn es vorwiegend darum geht, Unzufriedenheit mit wirtschaftlichen oder ähnlichen Themen oder Entscheidungen auszudrücken, könnten sowohl linke als auch rechte Populisten einen Teil der verärgerten Wähler*innen akquirieren. Es gibt aber auch einen harten Kern von Rechtsextremisten – das gilt auch in Belgien –, der eine feste Ideologie hat, die letztlich nur von rechtsradikalen oder rechtsextremen Parteien bedient werden kann.

7. Schlussfolgerungen

Das Reservoir für populistische Parteien ist offensichtlich sehr groß. Das ist das Ergebnis einer Eurobarometer-Umfrage. Während 68% der Eurobarometer-Befragten die Meinung äußerten, dass ihr persönliches Leben in die richtige Richtung geht, sagen das im Hinblick auf Europa nur noch 33%. Wenn es um das eigene Land geht, sind es im Durchschnitt nur noch 27%. Dagegen sagen 60%: »Things are going in the wrong direction«. (Eurobarometer Dezember 2023)

Das ist genau das Potenzial, von dem Populisten links wie rechts profitieren können, wenn Wähler ihre Unzufriedenheit trotz Risiken in Stimmen umwandeln. Obwohl Angst vor negativen Folgen abschrecken kann, ist die Bereitschaft, Populisten zu wählen, zuletzt deutlich gestiegen.

Mit Blick auf rechtsextreme Einstellungen gibt es einen harten Kern, der in fast allen EU-Staaten »bedient« werden kann. Das waren möglicherweise vorher Nichtwähler.

Unter den populistischen Wählenden ist aber ein erheblicher Anteil impulsiv-emotional Wählender, die nicht ideologisch rechtsextrem sind und zu Wechselwählern werden können.

Insbesondere in Policyfeldern, die mit Sozialpolitik und Wirtschaftspolitik, aber auch mit Friedenspolitik zusammenhängen, kann eine linkspopulistische Partei einer rechtspopulistischen das Wähler*innenreservoir streitig machen. Voraussetzung ist »charismatische Führung« und medial starke VOICE-Funktion als Protest. Sarah Wagenknechts BSW hat für die Wahlberechtigten eine Reihe von Vorteilen: Sie kann Protest artikulieren, ist nicht als extremistisch diskreditiert, wird damit auch nicht stigmatisiert (auch die Wähler*innen nicht), hat eine historische Basis in der Linken und vertritt Positionen, die zwar zu signifikanter öffentlicher Kritik führen (Putin, Migration), die aber für die Wähler den Vorteil haben, nicht im Abseits zu stehen wie bei einer hoch stigmatisierten und in Teilen verfassungsfeindlichen Partei wie der AfD.

Die Wahl einer neuen linken populistischen Partei wie dem BSW könnte gemäß der Theorien von Mauk, Vasilopoulis und anderen das Vertrauen in die Institutionen stärken. Empirisch zu belegen ist dies nicht. Normativ könnten demokratiegefährdende Kräfte auf diese Weise ausgebremst und geschwächt werden. Eine populistische Linkspartei, die Wahlerfolge erzielt, schwächt dennoch das auf Konsens ausgelegte Mehrheitssystem der Europäischen Union, in dem die Parteien der EVP und der S&D eine dominierende Rolle spielten.

Literatur

Ayata, Bilgin & Nürnberg, Vivien (2022): George E. Marcus: The Sentimental Citizen. Emotion in Democratic Politics. In: Senge, Konstanze; Schützeichel, Rainer; Zink, Veronika (Hg.): Schlüsselwerke der Emotionssoziologie. Wiesbaden. Springer VS. 2022. 371-379.

Braun, Daniela; Trüdinger, Eva- Maria (2023). Communal and Exchange-Based Trust in Germany Thirty Years After Reunification: Convergence or Still an East–West Divide? German Politics, 32(1), 43–62. https://doi.org/10.1080/09644008.2022.2054989.

Cunningham, Kevin; Hix, Simon et a.l (2024): A sharp right turn: A forecast for the 2024 European Parliament elections. ECFR-Policy Brief 23; 23.1.2024. https://ecfr.eu/publication/a-sharp-right-turn-a-forecast-for-the-2024-european-parliament-elections/ [Abruf 5.4.2024]

Decker, Frank (2007): Populismus: Gefahr für die Demokratie oder nützliches Korrektiv? Wiesbaden: Springer Wissenschaft.

Geurkink, Bram et al. (2020): Populist attitudes, political trust, and external political efficacy: old wine in new bottles? Political Studies 68(1), 247–267.

Jacobs Kristof; Akkerman Agnes; Zaslove Andrej (2018): The voice of populist people? Referendum preferences, practices and populist attitudes. Acta Politica 53(4), 517–541.

Kaeding, Michael; Müller, Manuel; Schmälter, Julia (2020): Die Europawahl 2019: Ringen um die Zukunft Europas. In: Kaeding, M., Müller, M., Schmälter, J. (Hg.): Die Europawahl 2019. Springer VS, Wiesbaden. https://doi.org/10.1007/978-3-658-29277-5_2

Marcus, George (2002): The Sentimental Citizen. Emotion in Democratic Politics. University Park: Pennsylvania State University Press.

Marien, Sofie; Werner, Hannah. 2019. Fair treatment, fair play? The relationship between fair treatment perceptions, political trust and compliant and cooperative attitudes cross-nationally. European Journal of Political Research 58 (1): 72–95. https://doi.org/10.1111/1475-6765.12271.

Mudde, Cas (2004) The populist zeitgeist. Government and Opposition 39(4): 541–563.

Mudde, Cas; Kaltwasser, Cristóbal Rovira (2017): Populism: A very short introduction. Oxford University Press.

Reiser, Marion; Hebenstreit, Jörg & Küppers, Anne. 2023. Regionale politische Kulturen: Demokratische Einstellungen in den deutschen Bundesländern. Z Politikwiss 33, 555–581 (2023). https://doi.org/10.1007/s41358-024-00364-y

Rico, Guillem; Guinjoan, Marc; Anduiza, Eva (2017): The Emotional Underpinnings of Populism: How Anger and Fear Affect Populist Attitudes. Swiss Political Science Review. Volume23, Issue4, Special Issue: Populist Mobilization Across Time and Space. December 2017. P. 444-461

Rivera Escartin, Adrià (2020): Populist challenges to EU foreign policy in the Southern Neighbourhood: an informal and illiberal Europeanisation? Journal of European Public Policy, 27(8), 1195–1214. https://doi.org/10.1080/13501763.2020.1712459.

Suhay, Elizabeth; Erisen, Cengiz (2017): The Role of Anger in the Biased Assimilation of Political Information (October 3, 2017). American University School of Public Affairs Research Paper No. 3152109, Available at SSRN: https://ssrn.com/abstract=3152109 or http://dx.doi.org/10.2139/ssrn.3152109

Suhay, Elizabeth; Erisen, Cengiz (2018): The Role of Anger in the Biased Assimilation of Political Information. Political Psychology , Vol. 39 , Issue 4 , S. 793-810.

Tausendpfund, Markus. 2021. Zufriedenheit mit der Demokratie. In Empirische Studien lesen. Einführung in die Praxis der quantitativen Sozialforschung, Hrsg. Markus Tausendpfund, 13–49. Wiesbaden: Springer VS.

Tooze, Adam. 2022. Welcome to the world of the polycrisis. Financial Times, 28. Oktober 2022.

Vasilopoulis Pavlos; Marcus, George E.; Valentino, Nicholas A.; Foucault, Martial (2018): Fear, Anger, and Voting for the Far Right: Evidence From the November 13, 2015 Paris Terror Attacks. Political Psychology 40 (4), 679-704. Abstract und Literatur: https://onlinelibrary.wiley.com/doi/abs/10.1111/pops.12513

Werner, Hannah; Jacobs, Kristof (2022): Are populists sore losers? Explaining populist citizens' preferences for and reactions to referendums. British Journal of Political Science 52 (3), 1409-1417

Die Populisten spüren erstmals
Gegenwind aus der Gesellschaft.
Seit dem Potsdamer Treffen
der Rechtsradikalen zeigt die
Zivilgesellschaft Zähne.

Europäische Kulturstudien

Armin König

Kopräsenzen denken

Kopräsenzen der Flucht im politischen Literatur-, Bühnen-, und Film-Theater denken - Von Aischylos bis Jelinek, von Homer bis Casablanca

1. Vorspiel auf dem Theater

»Ich schau dir in die Augen, Kleines«: Als im Frühjahr 2024 in Mannheim der legendäre Casablanca-Filmstoff unter dem Titel »Casablanca - Gehen und bleiben« für das Theater adaptiert wurde, wurde Kopräsenz für alle sichtbar, hörbar, nachvollziehbar. Das gilt umso mehr, weil dieses Stück Filmgeschichte nach dem Klassiker von Michael Curtiz (in einer Bühnen-Bearbeitung von Johanna Wehner) im Ex-Kino einer ehemaligen US-Kaserne aufgeführt wurde (Altes Kino Franklin). Passenderweise wurde der adaptierte Filmklassiker auf der Bühne in deutscher Sprache mit englischen Übertiteln aufgeführt. Also: Kopräsenz pur.

Der Hintergrund: Das große Haus des Nationaltheaters wird umfassend saniert. Deshalb werden die Stücke des Schauspiels und des Balletts auf einer neuen, unkonventionellen externen Bühne aufgeführt.

In diesem Fall war es das ehemalige Filmtheater im Ben-jamin-Franklin-Village, einem Mannheimer Stadtteil, der bis 2011 einer der größten Stützpunkte der US-Armee in Deutschland mit rund 10.000 US-Soldaten war.

Die Soldaten sind abgezogen, das Kino hat eine neue Funktion und eine besondere Atmosphäre. Schauspiel und Tanz haben jetzt eine neue Bühne für innovative Konzepte. Diese Geschichte und die Geschichten mit ihrem besonderen Fluidum bilden den Rahmen für neue, interaktive Begegnun-gen, für die Präsenz von Schauspieler*innen und Publikum, für alte und neue Stoffe. Es ist ein genialer Schauplatz für eine Story aus dem Jahr 1943, von der vor allem ein Film-zitat in die Geschichte eingegangen ist: »Ich schau Dir in die Augen, Kleines«.

Millionen kennen den Satz, auch wenn sie den Film über Ricks »Café Americaine« in Casablanca nie gesehen haben. Die Ironie der Geschichte: Der Film basiert auf einem The-aterstück unter dem Titel »Everyboy Comes to Rick's« von Murray Burnett und Joan Allison, das Warner für ca. 20.000 Dollar gekauft hatte. Es wurde viel geweint bei diesem Film, nicht nur bei der weltberühmten »Ich schau dir in die Augen, Kleines-Szene«, bei »As Times Go By« oder »Küss mich, küss mich als wäre es das letzte Mal«, sondern, so der SPIEGEL, auch am Set. Das galt vor allem für die Szene, als die deut-schen Wehrmachts-Soldaten ihr Donnerhall-Gegröle anstim-men und die Gäste erst ganz leise die Marseillaise ansingen.

Immer lauter wird der Gesang, bis die Deutschen singend überstimmt werden:

> »Von all den Verfolgten und Entwurzelten, den Franzosen und Deutschen, den Ungarn, Polen, Spaniern, Österreichern, die in Casablanca Schutz vor den Schergen Hitlers suchen oder hoffen, von dort nach Amerika fliehen zu können. Immer lauter wird das Lied. Sie singend zitternd, mit bebenden Stimmen und ernsten Gesichtern. Sie singen mit Tränen in den Augen. Sie singen, bis die Wehrmachtsoffiziere verstummen. Sie singen die Nazis nieder.« (MAACK, 2012)

Was die Mannheimer Inszenierung mit der Saarbrücker Ringvorlesung »Jenseits der Integration? Formen der Kopräsenz in Europa« zu tun hat?

Wie in der grundlegenden »Kopräsenz denken!«-Abhandlung von Brodowski et al. (2022) geht es um zeitliche, räumliche, soziale und rechtliche Überlagerungen, um subjektive und materielle Kopräsenz, um Körperlichkeit, Visualisierung, individuelle und kollektive Fluchterfahrungen und Räumlichkeiten und um Reaktionen und Interaktionen.

Und wie bei den antiken Dramen und ihren postmodernen Neufassungen, wie bei Ai Weiwei und seiner medialen Bewältigung des Migrationsstoffes, wie bei den Border-Crossing-Mappings, dem Bordertexturing und der Kopräsenz geht es auch in Mannheim um das Fremde und das Eigene, um körperliche Kopräsenzen Einheimischer und Geflüchteter auf engstem Raum, um Mythen und Räume und die Gleichzeitigkeit des Ungleichzeitigen.

In der Ankündigung des Stücks schrieb die Dramaturgie des Nationaltheaters:

> »Die marokkanische Metropole wurde zur Zeit des Zweiten Weltkriegs zum Umschlagplatz für Geflüchtete aus ganz Europa, die dort auf ein amerikanisches Visum warten. Ricks Café im Film ist ein feuchtfröhlicher Warteraum, in dem alle aufeinandertreffen: Bewohner*innen Casablancas, Flüchtende, Soldaten der verschiedenen Kriegsparteien. Regisseurin Johanna Wehner und ihr Team interessieren sich für den Zustand des Zwischenraums und beziehen sich mit den Motiven aus Curtiz' Film auf die Geschichte des amerikanischen Franklin Village als vorübergehender Stadt-in-der-Stadt.« (Nationaltheater Mannheim)

Mannheim spielt in diesem Kontext eine fundamentale Rolle, fand doch hier 2014 beim »Theater der Welt Festival« die Uraufführung von Elfriede Jelineks furiosem Textmonument »Die Schutzbefohlenen« unter der Regie von Nicolas Stemann statt (mit englischen Übertiteln).

Kopräsenz im Theater ist seit langem gesetzt. Prof. Heinrich Schlange-Schöningen hat in Saarbrücken den Bogen von Aischylos und Euripides bis Goethe und Jelinek gezogen, von den »Schutzflehenden« (Hiketiden) zu den »Schutzbefohlenen«, von der »Iphigenie bei den Taurern« und auf Aulis bis zur neuzeitlichen »Iphigenie auf Tauris«. Nicht zufällig spielt auch der Mittelmeerraum in den genannten Beispielen eine wichtige Rolle als kultureller, virtueller und realer Raum für Geschichten, Mythen und Cross-Border-Mobilität. Hier wäre auf Homer und die Odyssee zu verweisen, die ihrerseits wieder aktuell Bedeutung hat (bis hin zu Thomas Hettches neuem Roman »Sinkende Sterne«, in dem es auch um Fremdheit und nach einer Naturkatastrophe um den Bau von Festungen gegenüber Fremden geht). Der Brodowski-Beitrag nennt eine Vielzahl weiterer literarischer Umsetzungen von Anna Seghers (Transit) über André Schwarz-Bart, Madeleine Boudouxhe bis hin zu Jenny Erpenbeck (Gehen, ging, gegangen). Auch juristisch ist das Konzept mit seiner dynamischen Auffassung unterschiedlicher, paralleler Normen zukunfts- und anschlussfähig.

2. Kopräsenz als Konzept

Kopräsenz verspricht nicht nur als Konzept für Flucht- und Film- und Theatergeschichten wichtige Erkenntnisse. Erving GOFFMAN (1971) hat den Begriff eingeführt, der seither in Psychologie, Pädagogik, der Philosophie, der interdisziplinären Wahrnehmungsforschung und der Sportwissenschaft eine erstaunliche Karriere gemacht hat.

BRODOWSKI et al. (2002) haben mit ihrer Studie nicht nur die Grundlage für die Ringvorlesung gelegt, denn alle Lehrenden haben sich darauf bezogen. Das mehrschichtige Konzept setzt auf Pluralität und Anschlussfähigkeit und bricht mit Integrations- und Homogenitätsvorstellungen einer traditionellen deutschen »Leitkultur«-Ideologie. Gleichzeitig gilt es, »Migration als konstituierendes Element der heutigen europäischen Gesellschaften zu akzeptieren« (Brodowski et al. 259), was aber in der aktuellen deutschen und europäischen Politik derzeit offenkundig abgelehnt wird. Kopräsenzen der Flucht sind ein Kontrastprogramm zur aktuellen Politik. Diese hat Migration als Bedrohung der Einheimischen konstituiert. Deshalb muss Reaktanz immer mitbedacht werden. Dabei ist die Situation sehr komplex:

> *»Flucht geht fast immer mit dem Erleben existenzieller Bedrohung, mit Erfahrungen des Brüchigen, Plötzlichen, Gewaltsamen, Provisorischen und Unabgeschlossenen einher, mit der Fragmentierung oder Erschütterung von bestehenden wie auf die Zukunft gerichteten Lebensentwürfen und mit der Gleichzeitigkeit des Disparaten, oft Inkommensurablen; kurzum: mit einer komplexen Überlagerung unterschiedlicher Wahrnehmungs-, Erfahrungs-, Erlebens- und Reflexionsebenen in zeitlicher, räumlicher, sozialer, subjektiver oder materieller Hinsicht.« (BRODOWSKI 264).*

Es geht um Umbrüche, Transformationsprozesse und neue Narrative in postmodernen Zeiten, um das Verständnis der unterschiedlichen Dimensionen von Kopräsenz zu wecken: unterschieden werden zeitliche, räumliche, soziale, subjektive und materielle Kopräsenzen. Diese werden in unterschiedlichsten Feldern mit Gewinn durchgespielt. Pars pro toto soll an dieser Stelle das Theater in den Fokus gerückt werden – von Aischylos bis Jelinek, von Homer bis Casablanca.

3. Kopräsenz als Theaterbegriff

In der Theaterpraxis des späten 20. und des frühen 21. Jahrhunderts spielen antike und historische Stoffe in modernen Inszenierungen eine wichtige Rolle. Sie kommen oft bildstark und im Wortsinn gewaltig daher. Antike Stoffe und Sprache werden auch in der Moderne verstanden, wenngleich sich die Welt fundamental verändert hat. Und doch sind Emotionen, Gesten, Theatralität, Intensität, Atmosphäre, Bilder, Hörräume und eine starke Präsenz der Körper in der Lage, Spannung zu erzeugen oder zu verringern.

In einer Theateraufführung gelten eigene Regeln der Theatralität. Zunächst war Ko-Präsenz vor allem auf die »leibliche Ko-Präsenz von Akteuren und Zuschauern« (FISCHER-LICHTE 2004) und deren Interaktionen ausgerichtet.

> »Während die Akteure handeln – sich durch den Raum bewegen, Gesten ausführen, das Gesicht verziehen, Objekte manipulieren, sprechen oder singen -, nehmen die Zuschauer ihre Handlungen wahr und reagieren auf sie.« (Fischer-Lichte 2004, 58)

Kopräsenz und Theatralität, Performativität und Intertextualität sind Schlüsselbegriffe moderner Aufführungspraxis. FISCHER-LICHTE (2004) spricht in einem grundlegenden Suhrkamp-Essay zu Kunst und Theater von einer »Ästhetik des Performativen«: Sie rückt den Begriff der »Aufführung als Ereignis« (Fischer-Lichte 2004, S. 284ff.) in den Mittelpunkt. Das funktioniert durch Wahrnehmung, Reaktion und Interaktion. Für Fischer-Lichte

> »besteht die mediale Bedingung von Aufführungen in der leiblichen Ko-Präsenz von Akteuren und Zuschauern. Damit diese zustande kommt, müssen sich zwei Gruppen von Personen, die als »Handelnde« und »Zuschauende« agieren, zu einer bestimmten Zeit an einem bestimmten Ort versammeln und dort eine Spanne Lebenszeit miteinander teilen. Die Aufführung entsteht aus ihrer Begegnung – aus ihrer Konfrontation, aus ihrer Interaktion.« (Fischer-Lichte, 2004, 58)

Fischer-Lichte geht ausführlich auf Räumlichkeit, Lautlichkeit, Atmosphäre, Verkörperungen (»embodiment«, S. 130), »Time-brackets«, also zeitlichen Verklammerungen, Stimmen, »Präsenz und Repräsentation« (255 ff.) ein. Damit ist ein Teil des heutigen Kopräsenz-Ansatzes erfasst. Im Luhmannschen Sinne spricht sie von »Autopoiesis und Emergenz« bei der Aufführung, die durch das Zusammenwirken von Schauspieler*innen und Publikum zum Theaterereignis wird. Der Luhmann-Ansatz ist für das moderne und postmoderne Theater ebenso originell wie innovativ und treffend. Dabei ist es die »Gleichzeitigkeit des Disparaten, oft Inkommensurablen«, von der die Saarbrücker Autor*innen sprechen, die besondere Spannung und Atmosphäre erzeugt, die »Überlagerung unterschiedlicher Wahrnehmungs-, Erfahrungs-, Erlebens- und Reflexionsebenen in zeitlicher, räumlicher, sozialer, subjektiver oder materieller Hinsicht« (Brodowski et al., 264)

Ähnlich hat PRIMAVESI hat 2006 auf Kopräsenz bei der »Inszenierung antiker Tragödien im (post)modernen Theater« hingewiesen – durchaus mit Provokationen und Darstellungen von Gewalt. KOLESCH erklärt, dass diese Inszenierungen des Theaters und der Theatralität

> »auf die historische Vielfalt wie kulturelle Diversität von Situationen des Zeigens, Vor- und Aufführens durch Agierende und das gleichzeitige Zuschauen und Wahrnehmen eines kopräsenten Publikums reagieren«. (Kolesch 2023, 37)

Es geht bei dieser Kopräsenz nicht nur um Interaktionen und Machtfragen, sondern auch um Ästhetik, Konnotationen, Irritationen, Verfremdungen, Brüche – und um das »mit-wirkende Publikum« (Schütz 2022).

4. Kopräsenz von Aischylos bis Jelinek

Das Schauspiel Leipzig hat 2015 »Die Schutzflehenden« (Aischylos) und »Die Schutzbefohlenen« (Jelinek) gemeinsam aufgeführt (Premiere 2. Oktober 2015). Zur Inszenierung von Enrico Lübbe schrieb die Dramaturgie: »Eine humanistische Utopie aus der Antike und die Realität der Gegenwart treffen aufeinander. Verfasst ca. 463 v. Christus von einem der ersten Dramatiker, Aischylos, und verfasst 2014 von der Literaturnobelpreisträgerin Elfriede Jelinek.« Die Konnotation war hochpolitisch:

> »2013 suchen Flüchtlinge Asyl in Österreich und Zuflucht in der Votivkirche an der Wiener Ringstraße – und werden

vertrieben. Diesen Vorfall nimmt Elfriede Jelinek zum Anlass einer vehementen Auseinandersetzung über den Umgang der Wohlstandsgesellschaft mit den Flüchtlingen aus dem Mittelmeerraum, über die Konstrukte der gedanklichen und geographischen Abschottung und der Angst vor dem Fremden.

Als Blaupause dient Elfriede Jelinek dabei Aischylos' Text „Die Schutzflehenden", der als erhaltener erster Teil eines verlorengegangenen Werkes das Schicksal der Töchter des Danaos beschreibt. Diese fliehen aus ihrer Heimat Ägypten über das Meer an den Strand von Argos. Dort flehen sie den König Pelasgos um Schutz an, er möge sie nicht den Söhnen Aigyptos' ausliefern. Pelasgos befragt sein Volk — und das entscheidet, den Töchtern des Danaos Asyl zu geben. In die allgemeine Freude mischt sich die Sorge der Dienerinnen, die am Ende ahnungsvoll fragen, ob das Schicksal sich mit dieser Rettung schon erfüllt hat ...« (Schauspiel Leipzig)

Die Urlesung (Leitung Joachim Lux, Thalia Theater Hamburg) des Jelinekschen Mammutstoffes, der im Laufe der Jahre noch durch weitere Elemente ergänzt wurde, fand 2013 mit Geflüchteten in der Hamburger St. Pauli-Kirche statt. Die Uraufführung inszenierte Nicolas Stemann beim Theater der Welt-Festival in Mannheim. Es folgten Aufführungen in Bremen (Borscht), Freiburg (Simon), Oberhausen und Wien.

»Ein namenloses ›Wir‹ von Geflüchteten spricht, ein Kollektiv, in dem gelegentlich ein ›Ich‹ aufscheint, das ein Bruchstück individueller Erfahrungen einstreut, aber nicht als eigener Charakter entfaltet und sichtbar wird. Angesprochen wird ein anderes Kollektiv: das der Aufnahmegesellschaft, welche aber nicht auf die Bitten, Fragen und Klagen antwortet. Selbst wenn die Perspektive im Text vereinzelt wechselt, kommt

kein Dialog zustande, denn dann sind es ablehnende Zwie-
gespräche Einheimischer mit sich selbst. Den realpolitischen
Hintergrund zu Jelineks Text bildet der temporäre Schutz,
den eine Gruppe von Asylbewerbenden, die gegen die Be-
dingungen im Aufnahmelager in Traiskirchen protestierten,
in der Wiener Votivkirche gefunden hatte, sodass es vorder-
gründig um die österreichische Gesellschaft geht. Angespro-
chen fühlen können sich aber zugleich alle Theaterbesucher:
›Wir rufen flehend [...], bitte bemühen Sie sich ein wenig, zu
erfahren, was Sie niemals wissen können, bitte!‹ Inhaltlich
vorgeführt wird das radikale Scheitern eine sozialen Koprä-
senz: Zwischen den angekommenen Asylsuchenden und den
Bürgern des Landes kommt es trotz räumlicher Nähe zu kei-
nem Miteinander. Im Kontext der dramatischen Gattung fällt
das Fehlen eines Dialogs besonders auf.« (Brodowski et al.,
271)

Jelineks wuchtiger Text hat dem Theater eine mediale
Macht- und Darstellungsfunktion ermöglicht, die einen Auf-
schrei der Betroffenen gegen die Gleichgültigkeit der Einheimischen ermöglicht. Hier wird »Schreiben als Widerstand«,
das vorhandene Ordnungen und Institutionen herausfordert
(vgl. Kovacs, 250) – mit den Mitteln der Kopräsenz.

Jelinek ist hier prägend für das moderne Theater: Das geschieht nicht in der Clip- und Häppchenkultur der News und
Reels und Social-Media-Posts, sondern als großes, volumi-
nöses Sprachwerk. Textbezüge quer durch die Jahrhunderte
von der Antike (Homer, Aischylos, Ovid), bis in die Neuzeit
(Heidegger, neo-konservative Österreich-Werbeschrift »Zu-
sammenleben in Österreich« mit euphemistischen Begriffen
zur Migration wie »harmonisches Miteinander«, »Werte«,

»gemeinsamer Wohlstand«; vgl. Janke 194) konfrontieren das Publikum mit Flucht, Willkür, Gewalt, Rechtlosigkeit, politischen Phrasen, Anrufungen, aber auch mit alten Mythen, Erzählungen und Todeserfahrungen.

Es sind dramaturgische Konflikte, die schon in den antiken Tragödien im Dionysostheater am südlichen Abhang der Akropolis gespielt wurden – und das vor 15.000 Zuschauern, vergleichbar also mit heutigen Fußballarenen.

Auch bei diesen Theaterwettbewerben prägten Angst, Hoffnung, tragische Konflikte, Eskalationen bis hin zu Selbstmorddrohungen im Heiligtum (vgl. Jelinek, die Schutzbefohlenen in der Wiener Votivkirche, der St. Pauli-Kirche Hamburg) und die Kopräsenz von Gegenwart und Vergangenheit die Aufführungen. Sowohl die Fremden als auch die Nicht-Fremden »erleben Angst, Unsicherheit und Schrecken« (Schlange-Schöningen) in einem durchaus auch hoch politischen Konflikt.

> »Schauen Sie, Herr, ja, Sie!, flehend wenden wir uns Ihnen zu, uns hat irgendwer gezeugt und irgendeine geboren, wir verstehen, dass sie das überprüfen wollen, aber sie werden es nicht können.« (Jelinek, 2018,11)

Es sind dramatische Appelle der Schutzflehenden, die wie ihre historischen Vorbilder auch die Götter, aber auch die Einheimischen und die politischen Entscheider anrufen.

> »Können Sie uns bitte sagen, wer, welcher Gott hier wohnt und zuständig ist, hier in der Kirche wissen wir, welcher, aber

es gibt vielleicht andere, woanders, es gibt einen Präsiden-
ten, einen Kanzler, eine Ministerin, so, und es gibt natürlich
auch diese Strafenden, das haben wir gemerkt, nicht drunten
im Hades, es gibt sie alle gleich nebenan, zum Beispiel dich,
wer auch immer, dich wer auch immer du bist, du, du, Jesus,
Messias, Messie, egal, der du das Haus, das Geschlecht, alle
Frommen bewahrst, aufgenommen hast du uns nicht, wir
sind ja auch von selber gekommen, in deine Kirche gekom-
men, als schutzflehender Zug, bitte helfen Sie uns, Gott, bitte
helfen Sie uns, unser Fuß hat ihr Ufer betreten, unser Fuß hält
noch ganz andere Ufer betreten, wenn er Glück hatte, doch
wie geht es jetzt weiter? Fast hätte uns die See vernichtet,
fast hätten uns die Berge vernichtet [...].« (Jelinek, 10)

Wer wäre nicht berührt von den drastischen Schilde-
rungen der Verfolgung, dem Schicksal auf dem alles ver-
schlingen Meer (»das Meer ist ein Loch ein Schlund, eine
Schlucht«; Jelinek, 12), den drastischen Beweisstücken auf
den Handys, die trotz aller visuellen Ko-Präsenz von den Behörden nicht als »Nachweis« akzeptiert werden?

»Schauen Sie, da werden zwei unserer Verwandten geköpft,
danach waren noch einige übrig, fotografiert mit dem Handy,
solange noch Zeit war, jetzt sind sie es nicht mehr, es gibt
sie nicht mehr, es gibt nur noch mich, aber dieses schwer zu
enträtseln Geschick, denn wieso machen Menschen das?, er-
laubt mir nicht Aufenthalt hier [...]« (Jelinek, 12)

Und trotz aller Anrufungen, trotz aller Appelle, trotz der
dramatischen Querbezüge, dem Schutz durch göttliche Gesetze, durch biblische Verheißungen, antike Mythen, christ-
liche Nächstenliebe, völkerrechtliche Normen, die Europäische Menschenrechtskonvention bleibt wegen der immer

stärker werdenden Abschottung der Heimat-Bündler, der Erbarmungslosigkeit der EinHEIMischen, der Angstpolitik derer, die sich von einer »Wir-gegen-die«Haltung (Carl Schmitt) politisches Kapital versprechen, Hoffnungslosigkeit:

> *»Alle Menschen, egal, wo sie ansässig sind, weichen, vor fremder Kleidung und Verhüllung, vor diesem Schwarm Wilder, der wir sind, unwillkürlich zurück, damit sie der Willkür Platz machen können, die muss ja auch was tun. Die holen sie jetzt zur Hilfe. Einfacher wär's gewesen, uns zu helfen, noch einfacher ist, uns nicht zu helfen, aber bitte. Sie weichen zurück, und Willkür, bitte übernehmen Sie!« (Jelinek, 21)*

Immerhin steht auf dem Schutzumschlag des »Schutzbefohlenen«-Hardcover-Konvoluts der letzte wichtige Satz:

> *»Achtung, die Menschenwürde! Achtung, die Menschenwürde kommt jetzt auch, da kommt sie! Machen Sie ein Foto, schnell, bevor sie wieder weg ist!«*

5. Nachspiel auf dem Theater

Ist das ein Schluss? »Was könnt die Lösung sein? / Wir konnten keine finden, nicht einmal für Geld. / Soll es ein andrer Mensch sein? Oder eine andre Welt? / Vielleicht nur andere Götter? Oder keine? / Wir sind zerschmettert und nicht nur zum Scheine!« Es muss ja nicht Brecht, der »Gute Mensch« sein. Kopräsenz wäre ein Versprechen auf Zukunft, nicht nur in der Wissenschaft. Man sollte darüber nachdenken, in allen Fakultäten, in allen Facetten, auf allen Bühnen und Bildschirmen, Staatskanzleien, Kanzeln und Kathedern.

> »Achtung, die Menschenwürde! Achtung, die Menschenwürde kommt jetzt auch, da kommt sie! Machen Sie ein Foto, schnell, bevor sie wieder weg ist!« (Elfriede Jelinek)

Literatur

Primärliteratur:

Jelinek, Elfriede (2018): Die Schutzbefohlenen. Wut. Unseres. Theaterstücke. Reinbek: Rowohlt.

Sekundärliteratur:

Brodowski, Dominik; Nesselhauf, Jonas; Solte-Gresser, Christiane; Weber, Florian; Weiershausen, Ramona (2022): Kopräsenz denken! Ein Ansatz für die interdisziplinäre Fluchtforschung. In: KulturPoetik 2022 22:2, 258-292. DOI: 10.13109/kult.2022.22.2.258

Fischer-Lichte, Erika (2004): Ästhetik des Performativen. Berlin: Suhrkamp.

Fischer-Lichte, Erika (2021): Performativität. Eine kulturwissenschaftliche Einführung. 4. Aufl. Bielefeld: transcript

Janke, Pia (2014): Elfriede Jelinek: Werk und Rezeption. Teil 1 unter Mitarbeit von Verena Humer, Teresa Kovacs, Christian Schenkermayr. Wien: Praesens Verlag

Janke, Pia; Kovacs, Teresa (Hg.)(2017): Schreiben als Widerstand. Elfriede Jelinek und Herta Müller. Wien: Praesens.

Janke, Pia Kovacs (Hg.)(2017): Schreiben als Widerstand. Elfriede Jelinek & Herta Müller. Wien: Praesens.

Kolesch, Doris (2023): Theater. In: Hochholdinger-Reiterer, Beate; Thurner, Christina; Wehren, Julia (Hrsg.): Theater und Tanz. Handbuch für Wissenschaft und Studium. Baden-Baden: Nomos. S. 33-44.

Kovacs, Teresa (2017): Widerständiges Schreiben. Subversion bei Elfriede Jelinek und Herta Müller. In: Janke & Kovacs (Hg.): Schreiben als Widerstand. Elfriede Jelinek & Herta Müller. Wien: Praesens. S. 237-257.

Nationaltheater Mannheim (2024): Casablanca – Gehen und Bleiben nach dem Film-Klassiker von Michael Curtiz in einer Bearbeitung für die Bühne von Johanna Wehner. https://www.nationaltheater-mannheim.de/spielplan/a-z/casablanca-gehen-und-bleiben/ (abg. 25.1.2024)

Maack, Benjamin (2012): „Casablanca. Propagandakrieg in „Rick's Café". In: Spiegel online, 29.82012; https://www.spiegel.de/geschichte/70-jahre-casablanca-propa-gandafilm-mit-bogart-und-bergman-a-947695.html; (abg. 25.1.2024)

Primavesi, Patrick (2006): Gewalt der Darstellung : Zur Inszenierung antiker Tragödien im (post)modernen Theater. In: Seidensticker, Bernd; Vöhler, Martin (Hrsg.): Gewalt und Ästhetik. Zur Gewalt und ihrer Darstellung in der griechischen Klassik. Berlin, New York: De Gruyter. https://doi.org/10.1515/9783110202854, S. 185-222.

Schauspiel Leipzig: Die Schutzflehenden / Die Schutzbefohlenen von Aischylos (Die Schutzflehenden) und Elfriede Jelinek (Die Schutzbefohlenen) //Eingeladen zu den 70. Ruhrfestspielen Recklinghausen 2016; https://www.schauspiel-leipzig.de/spielplan/archiv/d/die-schutzflehenden-die-schutzbefohlenen/

Schütz, Theresa (2022): Das mit-wirkende Publikum: Von der Kopräsenz zur Relationali-tät. In Theater der Zeit online. https://tdz.de/artikel/faf3919e-df80-4fc6-b688-0548137f7011; erstmals erschienen in: Recherchen 164: Theater der Vereinnah-mung – Publikumsinvolvierung im immersiven Theater 05/2022.

Stangl, W. (2024). Kopräsenz. Online Lexikon für Psychologie & Pädagogik. https://lexi-kon.stangl.eu/35376/kopraesenz.

Außenpolitik

China

Xi Jinping strebt nach neuer Weltordnung unter chinesischer Führung

Wenn Daumenschrauben angezogen werden, sitzen die Europäer in der China-Falle

Plant China eine neue Weltordnung abseits gegenwärtiger Strukturen? Also mit eigenen Machtbündnissen, in denen es selbst die Hauptrolle spielt? Und wenn ja: wie? durch wen? mit welchen Mitteln? Das sind schon vier umfassende Fragen, die zwar nicht so ohne Weiteres zu beantworten sind, derzeit aber von Leitmedien gestellt werden.

Beim ZDF heißt es: »Die neue Weltordnung – Wie umgehen mit China? Der Aufstieg Chinas zur Weltmacht verschiebt die Koordinaten der Welt.« (12.2.2023)

»China strebt nach neuer Weltordnung«, schreibt das Handelsblatt (3.3.2023). »Xi Jinping drängt immer massiver auf die große Bühne der Weltpolitik. Europa und insbesondere Deutschland müssen sich auf den Machtfaktor China besser einstellen.« Damit beantwortet Dana Heide auch die Frage »durch wen?«:

Es ist Xi Jinping.

Die taz, obwohl im Koordinatensystem ganz anders positioniert, ist in der China-Frage auf gleicher Linie wie das Handelsblatt: »Xi Jinpings neue Weltordnung« (15.9.22). Berichtet wird über den chinesisch-russischen Gipfel in Usbekistan.

Fazit: »Xi Jinping und Wladimir Putin üben den Schulterschluss – und präsentieren ihre Vision einer alternativen Staatengemeinschaft.« (taz, 15.9.22)

Die Frankfurter Rundschau ist schon weiter in der Analyse: »So sieht Chinas Plan für eine neue Weltordnung aus. … Im Westen verfängt die Idee nicht«. (FR 25.2.23)

Auch in der angloamerikanischen Presse ist Chinas Hegemoniestreben ein Megathema.

So titelt »The Economist« in einem Special Report: »China wants to change, or break, a world order set by others. It may yet succeed, says David Rennie«. (The Economist 15.10.2022)

Ausführlich setzt sich auch »The Atlantic« mit Chinas Ambitionen auseinander: »How China Wants to Replace the U.S. Order. What began as a trade war and a tech war between Beijing and Washington is now an ideas war.« (13.7.2022)

> Was als Handels- und Technologiekrieg begann,
> ist jetzt ein Krieg der Ideen.
>
> (The Atlantic)

Hat der Kampf um eine neue Weltordnung schon begonnen?

Die Frage, ob bereits ein Kampf um eine »neue Weltordnung abseits gegenwärtiger Strukturen begonnen« hat, kann man eindeutig mit ja beantworten. Matthias Naß spricht vom »Drachentanz« (2021a). »Europa kann die Sinisierung nicht aufhalten, aber mitgestalten« behauptet Christian Geinitz (2022).

> »In keiner anderen Epoche der Weltgeschichte ist eine Volkswirtschaft derart schnell derart mächtig geworden wie die chinesische in den vergangenen 40 Jahren. Sie wächst nicht nur auf ihrem eigenen Territorium in unvergleichlicher Geschwindigkeit, sondern strebt mit ihren Waren und ihrem Kapital auch erfolgreich hinaus in die Welt, wo immer mehr Unternehmen, Häfen, Eisenbahnlinien oder Kraftwerke chinesisch werden.« (Geinitz 2022, 315)

Das ist eine zutreffende Beschreibung der chinesischen Expansion, die vor allem davon profitiert, dass der Staat im Sinne einer »gelenkten Marktwirtschaft« (Geinitz, 351) enorme Mittel jeglicher Art in diese Wirtschaft pumpen kann, um an die Weltspitze zu gelangen. Das zeigt Wirkung.

> »Die Stärke dieser Expansion hat ihren Grund einerseits in dem riesigen Heimatmarkt, der die nötigen Ressourcen an Geld, Menschen und Material bereitstellt. Zum anderen unterstützt eine geschickte Doppelstrategie den Gang in die Ferne: die Initiative ›Made in China 2025‹, mit der das Land bis 2049 zum Technologieführer und zur Wirtschaftsweltmacht aufsteigen will, sowie das Konzept der Neuen Seidenstraße, das

größte internationale Infrastrukturvorhaben, dass die Welt je gesehen hat.« (Geinitz, 351)

Xi Jinping hat sehr früh erkannt, dass China selbst expansiv in aller Welt auftreten und mit Investitionen, Krediten und Joint Ventures Pflöcke einschlagen und Boden gewinnen muss. Das hat im Lauf der Zeit immer größere Ausmaße angenommen. »Chinas Griff nach dem Westen« (Geinitz) und vor allem nach dem afrikanischen Kontinent zeigt jetzt Wirkung. Der Westen hat diese Gefahren viel zu spät erkannt.

Was als Handels- und Technologiekrieg zwischen Peking und Washington begann, ist nun offensichtlich, so die internationale Presse, ein offen ausgetragener Krieg der Ideen, der Ideologien und der Systeme. Matthias Naß sieht nicht nur eine strategische Rivalität, sondern auch zwei »Systeme, die nicht kompatibel sind« (Naß 2021b)

Mit Samthandschuhen sind solche Kämpfe nicht zu gewinnen. Deutschland hat trotzdem versucht, sich aus allen diplomatischen und wirtschaftlichen Auseinandersetzungen herauszuhalten. Erst der völkerrechtswidrige Überfall Russlands auf die Ukraine und das plötzliche Erkennen von Abhängigkeiten hat 2022 zu einer Neubewertung aller Handelsaktivitäten geführt. Das bedeutet aber nicht, dass auch überall die notwendigen Konsequenzen gezogen wurden und werden. Man will – das gilt insbesondere für deutsche Großkonzerne – möglichst lange von deutsch-chinesischen Kooperationen, Verträgen und Joint Ventures profitieren.

Dabei hat China Deutschland schon lange den Rang abgelaufen. Besonders schmerzlich ist dies für die Autoindustrie.

Der Westen verliert Boden und Anschluss. Es war eine »lautlose Eroberung« (Hamilton & Ohlberg 2022), die nicht mehr rückgängig zu machen ist.

Die Neuordnung der Welt und die Einteilung in strategische Hemisphären ist in vollem Gange. Die Europäer sind sich nicht einig, die USA haben eigene Interessen, und spätestens seit Trump spielen die Amerikaner (»Make America great again« - MAGA) auf eigene Rechnung. Die Europäer sind nur noch Partner zweiter Klasse für die USA. Es ist deshalb überraschend, dass ausgerechnet der deutsche Bundeskanzler Olaf Scholz glühender Transatlantikfan bleibt, statt im Tandem mit Frankreich Europa stark zu machen. Das ist in einer multipolaren Welt nach Ansicht vieler Experten zwingend notwendig.

Tatsache ist:

Seit Jahren hat Peking kontinuierlich die Grundlagen der globalen Ordnung untergraben: Institutionen, internationale Normen und liberale Ideale. China will durchaus Regeln, aber nicht die des Westens, sondern »seine eigenen Regeln«, wie Bundesaußenministerin Baerbock bei einem Besuch in Südkorea erläuterte (FAZ 15.4.2023).

Dabei hatte der chinesische Präsident Xi Jinping ursprünglich noch keine umfassende Vision, wie eine von China geführte Alternative funktionieren könnte. Das änderte sich Mitte der 2010er Jahre gravierend und ist nun immer deutlicher erkennbar. Mit der OBOR-Vision (Neue Seidenstraße, One Belt, One Road) und der GSI-Initiative will China nicht nur Zeichen, sondern auch Maßstäbe und Regeln setzen.

Xi hat seine Ideen für eine neue Weltordnung in die Global Security Initiative (GSI) eingebracht, eine Plattform von Prinzipien zu internationalen Angelegenheiten und Diplomatie, die, wie er argumentiert, die Welt in Chinas Sinne sicherer machen kann.

> *»Wir müssen zusammenarbeiten, um Frieden und Stabilität in der Welt zu erhalten«, erklärte Xi. »Die Länder der Welt sind wie Passagiere an Bord desselben Schiffes, die dasselbe Schicksal teilen.«*

Hinter den wohlgesetzten diplomatischen Worten steckt eine ernsthafte Bedrohung, für »The Atlantic« ist es sogar eine tiefe Bedrohung.

Die Initiative sei das Manifest eines Autokraten. Seine Prinzipien und Praktiken würden auf ein globales System hinauslaufen, das neue Maßstäbe setzt. Repressive, autoritäre Regime würden unter Chinas großem Mantel deutlich besser angesehen und behandelt als jetzt in einer US-dominierten Ordnung, die auf demokratischen Idealen beruht.

Die GSI gilt der jüngste und möglicherweise beunruhigendste Beweis dafür, dass die Konfrontation zwischen den

USA und China zu einem echten Duell um die globale Vorherrschaft eskaliert.

Es ist ein Kampf um Normen, die alles regeln. Die USA und China kämpfen mit harten Bandagen, um zu definieren, wie Länder interagieren, um die Legitimität verschiedener Regierungsformen, um die globalen Handelsregeln und die Bedeutung der Menschenrechte.

Alles steht auf dem Spiel.

Alles.Vor allem die Demokratie. Aber nicht nur. Es geht auch um Billionen-Dollar-Geschäfte. Um Wirtschaftshegemonie. Um Abhängigkeiten.

Und deshalb ist dieser Kampf der Systeme so fundamental, so dramatisch, so bedeutsam für die ganze Welt, auch wenn in Deutschland viele Wirtschaftsbosse und Politiker dies noch nicht erkannt haben.

- Wer sind die Protagonisten dieses Dramas?

- Wo finden diese Kämpfe statt?

- Seit wann?

- Wer zieht die Strippen und orchestriert das monumentale Werk?

- Welche Ideologie steckt dahinter?

- Um welche Monopole geht es?

- Was bedeutet dies für Europa? Für Deutschland? Für Taiwan, Korea, Japan? Für Afrika?

- Was bedeutet es für den Weltfrieden, wenn China anstrebt, mit allen Mitteln die Nummer eins zu werden?

- Was bedeutet es für die Vereinten Nationen und traditionelle Bündnisse und Institutionen?

Es ist ein gigantisches Themenbündel, das in Deutschland womöglich viel zu spät kritisch analysiert wurde.

Viele weitere wichtige Fragen bleiben derzeit unbeantwortet von der europäischen Politik.

Wo liegen die Risiken für China, wenn es eine solche Hegemonialstrategie nun ganz offen verfolgt? Das tut China ja offenkundig. Medienberichte belegen dies.

Ist die Weltmacht China einzuhegen? Und wenn ja: Wie? Funktioniert dies mit diplomatischen Mitteln? Oder muss wirtschaftlicher Druck die Diplomatie begleiten? Welche Rolle kann oder muss Europa dabei spielen?

War Deutschland zu lange naiv gegenüber China?

Warum hat die Bundesregierung nicht gegen die relevante chinesische Beteiligung am Hafenterminal Tollerort interveniert und diese gewichtige Minderheitenbeteiligung interveniert? Stand oder steht Bundeskanzler Olaf Scholz, einst Bürgermeister der Hansestadt, unter dem Druck von Konzernen? Verfolgt Hamburg Interessen, die nicht deckungsgleich mit den Interessen Europas sind?

Welche Rolle spielt das chinesische Regime bei deutsch-chinesischen Joint Ventures in China (- gibt es eine Art Maulkorb für die deutschen Unternehmenspartner, wenn es um kritische Fragen wie Uiguren und Zwangsarbeit gibt -)? Wer hat das Sagen in diesen Gemeinschaftsunternehmen? Geht Profit über Moral? Ist das überhaupt zu ändern?

Wie weitet China seinen Einfluss in internationalen Organisationen aus? Welche Rolle spielen neue Organisationen und Institutionen, die unter chinesischer Führung gegründet wurden?

Die Fragen sind weltpolitisch extrem spannend in einer Zeit gewaltiger Brüche und Verwerfungen, und sie sind durch den von Russland völkerrechtswidrig geführten Ukraine-Krieg aus der Zone des Denkbaren in die Phase des Realen gerückt.

Die deutsche Politik muss sich nolens volens damit auseinandersetzen.

In der Ampel-Regierung in Berlin haben sich Bundeskanzler Olaf Scholz und Außenministerin Annalena Baerbock schon mehrfach um den richtigen Kurs gegenüber China gestritten. Das war und ist nicht gut für das deutsche Ansehen und für Einfluss und Stärke des einstigen Export-Weltmeisters Deutschland. Wer so streitet, dass der Konflikt in die Öffentlichkeit dringt, kann nach außen nicht stark auftreten. Machtpolitisch ist ein solches Gezerre in der Regel kontraproduktiv. In einer Zeit, in der geopolitische Machtverschiebungen und wirtschaftliche Interdependenzen immer komplexer werden, ist es von Bedeutung, dass eine Regierung mit einer Stimme spricht und eine kohärente Strategie verfolgt. Immerhin hat die deutsche Bundesregierung am 13. Juli 2023 eine gemeinsame China-Strategie. Motto: Wasch mich, aber mach mich nicht nass. Sie ist weder Fisch noch Fleisch. Jede und jeder musste, so hat es den Anschein für Beobachter, gesichtswahrend aus dieser Diskussion in die Sommerpause kommen.

Scholz wirkt wie ein schwankendes Schilfrohr, wie ein Wackler, ein Anpassler, auch bei seinem jüngsten China-Besuch. Baerbock scheint die Forsche zu sein, die bis an die Grenzen des in der Diplomatie Erwünschten geht.

Aber was heißt: diplomatisch erwünscht?

Schon zu Helmut Kohls Zeiten wurde in Peking Klartext gesprochen, der den Kritikern zu Hause nicht klar genug war.

Wer sich mit Chinas neuer Rolle in der Welt und der Reaktion Europas intensiver auseinandersetzt, stellt fest, wie extrem spannend und wichtig dieses Thema ist, das in den Nachrichten all die Jahre viel zu kurz gekommen ist.

Die deutsche Politik hat die China so sehr gehätschelt, bis 2009 sogar als Entwicklungshilfeland, dass es heute einen Riesen-Exportüberschuss gibt – nicht der Deutschen, sondern der Chinesen. Wir Deutsche haben ein gewaltiges

Problem: Wir sind mega-abhängig geworden von einer autokratischen Macht, die jederzeit die Daumenschrauben anziehen kann. Und die KP Chinas KANN Daumenschrauben anziehen. Sie hat mächtig viele Erfahrung in Verhaftungen, der blutigen Niederschlagung von Demonstrationen, Arbeitslagern für Minderheiten, militärische Drohungen, Spionage.

Wir waren zu naiv all die Jahre, viel zu gutgläubig. Nun sitzen wir in der China-Falle.

Ob man einschlägige Bücher liest, Zeitungsartikel recherchiert, wissenschaftliche Beiträge studiert, das Nato-Protokoll zur neuen Sicherheitsstrategie, kommt zu einem ziemlich eindeutigen Ergebnis:

Es gibt klare Anzeichen dafür, dass China eine neue Weltordnung abseits gegenwärtiger Strukturen anstrebt. Dies ist auf Chinas wachsende wirtschaftliche und politische Macht sowie auf seine Bemühungen zurückzuführen, internationale Institutionen zu reformieren oder zu umgehen, um seine Interessen durchzusetzen.

China strebt tatsächlich seit der Wahl Xi Jinpings 2012 eine neue Weltordnung an, um die entscheidende globale Führungsrolle zu spielen, während die USA schwächeln. Die strategischen Interessen Xis umfassen die Schaffung von regionalen Wirtschaftsblöcken, den Ausbau von Handelsbeziehungenundinvestitionen in Infrastrukturprojekte in anderen Ländern.

OBOR: Die neue Seidenstraße ist das Schlüsselprojekt Chinas

Das Schlüsselprojekt schlechthin ist OBOR oder BRI, die Neue Seidenstraße (One Belt, One Road oder Belt & Road Initiative).

Die gigantische Billionen-Dollar-Initiative umfasst den Bau von Verkehrs- und Infrastrukturprojekten wie Straßen, Brücken, Eisenbahnlinien, Häfen und Energieanlagen in Asien, Afrika und Europa, wie es in diesem Umfang noch kein klassisches Vernetzungsprojekt gab.

China plant nicht nur, China baut auch. Damit schafft China Fakten in den Partnerländern. In Afrika sind dies zum Beispiel Kenia, Tansania, Äthiopien. In Europa setzen sich die Chinesen in großen Seehäfen fest. China hat den Hafen von Piräus in Griechenland gekauft und in eine Drehscheibe für den Handel zwischen Asien und Europa umgewandelt. Duisburg und Rotterdam sind zu wichtigen Handelsstützpunkten geworden. Die Investitionen, die China in diese Projekte getätigt hat, sind enorm und werden auf mehrere hundert Milliarden Dollar geschätzt. Die genaue Höhe der Investitionen ist jedoch schwer zu bestimmen, da sie oft in Form von Krediten und Finanzierungen erfolgen.

China setzt alle denkbaren Mittel ein, um seine Ziele zu erreichen, darunter wirtschaftliche Macht, politische Einflussnahme und Technologie. Nicht ohne Grund haben die USA einen Bann über Huawei verhängt, das mit seiner Schlüsseltechnologie in der Telekommunikation alle Vorteile auf seiner Seite hat. Die USA befürchten, dass Huawei-Produkte für Spionagezwecke genutzt werden könnten. Es geht um Systeme der Telekommunikation wie 5G-Netzwerke, die als besonders sensibel und wichtig für die nationale Sicherheit angesehen werden. Es geht um hochsensible Daten und die Gefahr, dass die chinesische autokratische Führung dies abfängt und auswertet und für Machtzwecke missbraucht.

Und Huawei wird auch genannt, wenn es um Spionageaktivitäten im Umfeld der radikalen AfD und ihrer Abgeordneten geht. Die US-Vorwürfe sind also nicht nur theoretischer Natur.

Chinas massive Bemühungen auf allen internationalen Feldern, die eigene technologische Führungsrolle auszubauen, werden als entscheidend für die Schaffung einer neuen Weltordnung angesehen. Wirtschafts- und Militärexperten aus seriösen Thinktanks gehen davon aus, dass ein Kampf um eine »neue Weltordnung abseits gegenwärtiger Strukturen« begonnen hat.

Die USA, die EU und andere westliche Staaten sind besorgt über Chinas wachsende Macht und seinen Einfluss auf die internationale Ordnung. Den nutzen die Chinesen auch in UN-Organisationen, im Internationalen Gerichtshof, in nach außen hin unpolitischen Organisationen.

China arbeitet aber auch ganz klassisch mit Repression bis hin zu brutaler Unterdrückung von Oppositionellen (Hongkong-Aktivistinnen und -Aktivisten).

Die USA sprechen gar von geplantem kulturellem Genozid an der Minderheit der Uiguren, von Staatsterrorismus und Umerziehungslagern. Und deutsche Großkonzerne sind in dieser Frage keine Unschuldslämmer.

Die Protagonisten dieses Dramas sind China und andere aufstrebende Staaten, die eine größere Rolle in der internationalen Ordnung anstreben, und die sich China durchaus verbunden fühlen. Fast die Hälfte der Mitglieder der vereinten Nationen sind in chinanahen neuen Netzwerken, Verbünden und Abhängigkeiten aktiv. Dort wird auch der brutale Angriffskrieg Putins gegen die Ukraine nicht so negativ beurteilt wie im Westen, schon gar nicht verurteilt. Und Xi zeigt mit seinen sorgsam zelebrierten Zusammentreffen mit dem russischen Präsidenten, dass er das Machtspiel auf die Spitze treiben kann.

Chinas Staats- und Parteichef Xi Jinping zelebriert ein antiamerikanisches, antiliberales, antieuropäisches Machtgehabe. Dass China seine Macht weiter ausbaut, um Taiwan zu überfallen und zu annektieren, gilt als gesicherte Erkenntnis der Militärs und der internationalen Sicherheitsexperten.

Die USA ihrerseits bieten im Verbund mit Australien, Japan, Südkorea und der NATO Paroli, wissend, dass die Situation eskalieren kann. Die Kämpfe um Hegemonie finden also auf verschiedenen Ebenen statt, einschließlich Handel, Technologie, politischer Einflussnahme und Sicherheit und im Weltraumsektor, der höchst spannend werden kann.

Eine Weltordnung liberaler Demokratien mit westlichen Werten scheint vielen Staaten nicht attraktiv genug. China und andere aufstrebende Mächte streben nach einer multipolaren Ordnung mit einer größeren Rolle für nicht-westliche Staaten mit autokratischen oder autoritären Regierungsformen. Demokratie ist nicht ihr Ding. Die Ideologie, die dahinter steckt, ist eine Kombination aus nationaler Interessenpolitik und einer Ablehnung der westlichen Vorherrschaft und der westlichen Werte in der Weltordnung.

Meine Meinung:

Wir sitzen in der China-Falle und haben es jahrelang nicht wahrgenommen. Weil wir fixiert waren auf unser kleines deutsches Vorgärtchen. Das muss sich ändern.

Quellen und Literatur

FAZ (2023): Baerbock: China will seine eigenen Regeln schaffen. FAZ vom 15.4.2023. https://www.faz.net/aktuell/politik/ausland/baerbock-in-suedkorea-china-will-seine-eigenen-regeln-schaffen-18823452.html

Geinitz, Christian (2022): Chinas Griff nach dem Westen. Wie sich Peking in unsere Wirtschaft einkauft. München: C.H.Beck.

Godehardt, Nadine (2020): Wie China Weltpolitik formt. Die Logik von Pekings Außenpolitik unter Xi Jinping. SWP-Studie 2020/S 19, 12.10.2020, doi:10.18449/2020S19

Hamilton, Clive; Mareike Ohlberg (2022): Die lautlose Eroberung. Wie China westliche Demokratien unterwandert und die Welt neu ordnet. München: Pantheon.

Heide, Dana (2023): China strebt nach neuer Weltordnung. In: Handelsblatt 4.4.2023. https://www.handelsblatt.com/meinung/kommentare/kommentar-china-strebt-nach-einer-neuen-weltordnung/29078740.html

Kretschmer, Fabian (2022): Gipfel in Usbekistan: Xi Jinpings neue Weltordnung. Xi Jinping und Wladimir Putin üben den Schulterschluss – und präsentieren ihre Vision einer alternativen Staatengemeinschaft. taz 15.9.2022. https://taz.de/Gipfel-in-Usbekistan/!5877709/

Kühl, Christiane (2023): Alternative zum Westen: So sieht Chinas Plan für eine neue Weltordnung aus. Frankfurter Rundschau 25.2.2023. https://www.fr.de/politik/china-weltordnung-neu-alternative-westen-xi-jinping-russland-ukraine-krieg-taiwan-zr-92105471.html

Naß, Matthias (2021a): Drachentanz – Chinas Aufstieg zur Weltmacht und was er bedeutet. München. C.H.Beck.

Naß, Matthias (2021b): China und der Westen. „Zwei Systeme, die nicht kompatibel sind". Deutschlandfunk Kultur. 20.2.2021.

Rennie, David (2022): A new order. China wants to change, or break, a world order set by others. The Economist. Special Report. 10.10.2022. https://www.economist.com/special-report/2022/10/10/china-wants-to-change-or-break-a-world-order-set-by-others

Stelter, Daniel (2023): Beyond the obvious: Es tobt ein Wirtschaftskrieg um eine neue

Weltordnung. Handelsblatt 2.4.2023. https://www.handelsblatt.com/meinung/homo-oeconomicus/gastkommentar-beyond-the-obvious-es-tobt-ein-wirtschaftskrieg-um-eine-neue-weltordnung/29071770.html

ZDF: Die neue Weltordnung – Wie umgehen mit China? Richard David Precht im Gespräch mit Frank Sieren. Der Aufstieg Chinas zur Weltmacht verschiebt die Koordinaten der Welt.« (12.2.2023). https://www.zdf.de/gesellschaft/precht/precht-richard-david-precht-im-gespraech-mit-frank-sieren-100.html

Armin König

Demografie-Debatten

Armin König (alle Texte)

Das Rentenreform-Dilemma

Debattiert wird schon lange, deshalb sollte jetzt – vor der Europawahl, den Landtagswahlen und diversen Kommunalwahlen – der große Rentendebatten-Befreiungsschlag erfolgen. Aber die Kritik ist groß, die Begeisterung hält sich selbst in der Ampelkoalition in Grenzen. Freie Demokraten lassen ihre eigentliche Meinung, die sie nur in der Fraktion und der Partei geäußert haben, durch Medien kommunizieren. Nach der Vorlage eines Rentenreformpakets durch Bundesfinanzminister Christian Lindner und Bundesarbeitsminister Hubertus Heil im März 2024 beschreiben wir die aktuelle Diskussionslage. Die Reaktion auf den Reformvorschlag war schlechter, als die beiden Minister erwartet haben. Vor allem das Medienecho war nahezu verheerend. Insbesondere der Arbeitsminister sah sich anschließend veranlasst, zusätzliche Framing-Interviews zu geben, um den Vorschlag der Bundesregierung zu begründen und ihm einen positiven Touch zu geben. Ganz einfach ist dies nicht, weil es tatsächlich gravierende Einwände gegen das Gesetzespaket gibt.

Fragen, die gestellt wurden: Bestimmen jetzt die Seniorinnen und Senioren die Agenda der deutschen Politik? Rauben sie den Jungen die Zukunft? Übersehen die Jugend, wie viele Rentenbezieher*innen in prekären Verhältnissen leben? Haben nicht diejenigen, die Deutschland jahrzehntelang aufgebaut und zu Wohlstand geführt haben, Anspruch auf eine faire Alterssicherung? Oder werden sie nun ausrangiert und an den Rand gedrängt? Es ist ein hoch emotionales Thema, das polarisiert: Die Rente[25].

Dass sie direkt mit Demografie und dem demografischen Wandel zusammenhängt, ist Millionen Wählerinnen und Wählern offenbar überhaupt nicht bewusst (Stadtmüller 2016a und b)[26], denn als politisches Thema im Hinblick auf

---

[25] Während Sozialverbände wie der VdK und der Sozialverband sowie die Sozialdemokraten klar gegen Kürzungen, gegen ein späteres Renteneintrittsalter und für eine Stabilisierung der Beitragshöhe eintreten, kommt aus der Wirtschaft, den Medien und konservativ-liberalen Kreisen zum Teil heftige Kritik. Sie gipfelt in Schlagzeilen und Leadsätzen wie »Belastung nicht nur für Einzahler« (Handelsblatt, 1.3.2024), »Die Koalition macht keine Rentenpolitik, sie verweigert sie« (Spiegel online, 5.3.2020), »Gesetzespaket eine tickende Zeitbombe« (t-online Podcast), »Richtet sich in der Politik inzwischen alles nach den Älteren?« (Schwäbisches Tagblatt, 20.3.2024), »Den Alten wird gegeben, den Jungen wird genommen« (Lausitzer Rundschau, 20.3.2024). Demgegenüber fordert die VdK-Vorsitzende Verena Bentele ein Ende der Minijobs (Berliner Morgenpost 23.3.2024) und höhere Steuern und Beiträge für Reiche (Kölnische Rundschau 23.3.2024). Außerdem wächst Deutschlands Wirtschaftskraft stärker als die Rente. So gebe Deutschland unter dem Strich heute weniger Geld für Renten aus als noch vor 15 Jahren. Damals schrieb die Frankfurter Rundschau zusammenfassend: »Die Wirtschaft sieht nicht viel Positives im Renten-Kompromiß. Verbände und Volkswirte befürchten, daß eine höhere Mehrwertsteuer die Konjunktur belastet / Gewerkschaften zufrieden.« (FR, 12.12.1997). Die Befürchtungen sind nicht eingetreten.

[26] Stadtmüller (2016a): »Grundlegend für seine Untersuchung ist seine Beobachtung, dass die demografischen Trends, die Funktionsweise des Rentensystems und die Zusammenhänge von Demografie und Alterssicherung in der Bevölkerung nicht, wie gemeinhin angenommen, jedem geläufig sind.«

Alterssicherung ist Demografie kaum präsent, obwohl die Gesetzmäßigkeiten seit Jahrzehnten bekannt sind.

Im Gegensatz dazu sind Lobbyisten und Interessenwahrer der Finanzwirtschaft seit vielen Jahren aktiv, um die klassische Garantie des Staates für die Altersversorgung auszuhebeln und durch private Altersvorsorge zu ergänzen oder gar zu ersetzen. Einer der wichtigsten Aktivisten ist Prof. Bernd Raffelhüschen, der sich »seit Jahren im Interesse der Versicherungswirtschaft für die private Altersversorgung«[27] ausspricht. Er ist in vielen audiovisuellen Medien und in Tagespresse und Magazinen (omni-)präsent. Für die liberalistische »Stiftung Marktwirtschaft« gibt Raffelhüschen etwa die »Argumente zu Marktwirtschaft und Politik« heraus, eine Mischung aus Meinungsmache und wissenschaftlichen Berechnungen. Schon die regelmäßig wiederholte Killerphrase »Ehrbarer Staat?« zeigt die Richtung. Ehrbare Arbeitnehmer oder gar Rentnerinnen und Rentner am Existenzminimum könnten dies als Zynismus wahrnehmen.

> *»In seinen Vorträgen und Veröffentlichungen spricht sich Raffelhüschen als scheinbar unabhängiger Rentenexperte stets für eine Förderung der privaten, kapitalgedeckten Rente zu Lasten der gesetzlichen Rentenversicherung aus. Seine Mandate bei Finanzdienstleistern, seine Vortragtätigkeit für Versicherungen, seine versicherungsnahen Studien und seine Tätigkeit für die Arbeitgeber-Lobbyorganisation INSM qualifizieren ihn jedoch eher als einen Interessenwahrer der Finanzwirtschaft als einen unabhängigen Wissensvermittler.*

---

[27] Lobbypedia, Eintrag Bernd Raffelhüschen.

Insbesondere über die Bild-Zeitung werden die Thesen von Raffelhüschen einer breiten Öffentlichkeit präsentiert.« (Lobbypedia, Eintrag Raffelhüschen)

Prof. Bernd Raffelhüschen ist nicht nur Wissenschaftler, sondern auch »Politikberater«[28]. In seiner Beraterfunktion und als Medienstar neigt er dazu, populistisch Meinungen zu Renten und Migration zu verbreiten, die nicht immer durch Fakten gedeckt sind. So wirft die Deutsche Rentenversicherung dem Finanz-Lobbyisten, der indirekt den Populisten in die Hände spielt, eine Diskreditierung der neutral agierenden Deutschen Rentenversicherung mit spekulativen Rechnungen vor.

Lobbypedia zitiert eine katastrophische BILD-Schlagzeile des Lobby-Schlagmanns Raffelhüschen unter dem Titel »Schrecklicher Rentenruin«[29]. Die selbsternannte »Koryphäe« Raffelhüschen, die Infos vermittelt, »um aus seinen praxisnahen Tipps und Tricks für sich selbst einen Vorteil zu ziehen«[30], ist seit langem durchaus umstritten.

---

[28] Eigenwerbung; außerdem Eigenwerbung: »Koryphäe in den Bereichen Sozial- und Steuerpolitik« (Webseite https://www.berndraffelhuschen.de/vortrage/), »Ihr Referent für Wirtschaft und Finanzwirtschaft«. Selbstlob: »Kontaktieren Sie uns und profitieren Sie von den Erfahrungen des brillanten Volkswirtschaftlers! Er vermittelt Informationen über Finanzwirtschaft, Reformvorhaben, Demografie, Wirtschaft und Soziales. Nutzen Sie sein Know-how, um aus seinen praxisnahen Tipps und Tricks für sich selbst einen Vorteil zu ziehen.« Eigenlob 2: » Prof. Dr. Raffelhüschen genießt als Redner einen ausgezeichneten Ruf! Bei Themen, beispielsweise zu der deutschen Renten-, Kranken- und Pflegeversicherung, vertritt er kühn seine Thesen und spricht Klartext.«

[29] BILD vom 9.6.2021.

[30] https://www.berndraffelhuschen.de/

BILD, Focus und andere Populärprintmedien nutzen Raffelhüschen gern, um Stimmung gegen die staatliche Finanzierung der Rente zu machen. Das Erstaunliche ist, dass ausgerechnet Boulevard-Medien, die Geschäfte mit Geringerverdienern (Rentnerinnen und Rentnern, Arbeitslosen, ungelernten Beschäftigten) machen, einen genialen, brillanten Selbstvermarkter üppig honorieren, der mit seinen Statements den Wohlhabenden Tipps gibt und die Ärmeren schikanieren will.

Die DRV kommentierte Raffelhüschens Katastrophen-Expertise sehr eindeutig: Die Rechnungen Raffelhüschens seien »spekulativ, da sie nicht auf der Grundlage des geltenden Rechts basieren.«[31]

Bei der Gelegenheit kritisierte die DRV auch frühere Prognosen des selbsternannten koryphäischen »brillanten Volkswirtschaftlers«:

> »In diesem Zusammenhang sei daran erinnert, dass Raffelhüschen 2009 einen Beitragssatz in der Rentenversicherung für das Jahr 2020 von mehr als 21 Prozent prognostiziert, heute liegt er bei gerade mal 18,6 Prozent. Mit spekulativen Rechnungen die Rentenversicherung zu diskreditieren, halten wir für unverantwortlich. Die Rentenversicherung wird auch den jungen Menschen eine stabile Rente zahlen können.« (DRV Webseite, Stellungnahme vom 9.6.2021)

---

[31] Deutsche Rentenversicherung zum Bild-Artikel „Schrecklicher Rentenruin" (https://www.deutsche-rentenversicherung.de/DRV/DE/Ueber-uns-und-Presse/Presse/Meldungen/2021/210609_bildartikel_rentenruin.html)

Es ist also wenig sinnvoll, ausgerechnet bei Prognosen, die nie mehr als Annäherungen sein können, auf einen Mann zu vertrauen, den Betroffene ein »Rentenschreckgespenst« nennen und der sich selbst als Tricks- und Tipps-Geber für Wohlhabende rühmt. Prof. Bernd Raffelhüschen ist eine Koryphäe der Selbstvermarktung und des Finanzlobbyismus. Seine medialen Auftritte, die er für »kühn« hält, gehen zu Lasten der Bürgerinnen und Bürger (späteres Renteneintrittsalter, Kürzung der staatlichen Renten, Erfordernis privater Zusatzzahlungen). FDP und Union mögen ihn.

Demografie ist mehr als nur Geburtenstatistik

Meist werden Demografie und demografischer Wandel in Verbindung mit Geburten- und Sterbezahlen und Bevölkerungsentwicklung gebracht (Bujard & Dreschmitt 2016). Die Verbindung ist zwar ebenso offenkundig wie fundamental[32] (König 2011), deckt aber nur ein Teilgebiet des demografischen Wandels ab.

Definition des demografischen Wandels

Demografischer Wandel bezeichnet die Veränderung der Alters- und Sozialstruktur einer Bevölkerung sowie der Einwohnerzahl im Zeitverlauf durch unterschiedliche Fertilität, Mortalität und Mobilität[33] zu unterschiedlichen Zeitpunkten[34]. Charakteristisch für die demografische Entwicklung sind stagnierende oder sinkende Geburtenraten[35], ein damit zusammenhängender Kindermangel, steigende Lebenserwartung, die Alterung oder sogar

---

[32] König (2011): Bürger und Demographie. Bujard & Dreschmitt (2016).

[33] Fertilität: Fruchtbarkeit als Indikator, ausgedrückt in der statistischen Geburtenrate; Mortalität: statistische Sterberate; Mobilität: drückt Wanderungsbewegungen anhand statistischer Daten aus.

[34] Schlömer (2006, 4).

[35] Diese sind seit dem so genannten Pillenknick 1972 in Deutschland statistisch nachweisbar.

Überalterung[36] der Gesellschaft, Bevölkerungsrückgang in Städten und Regionen, selektive Wanderungen, die Zunahme leerer Wohnungen und Häuser und die Destabilisierung der Generationenbalance. Hinzu kommen Probleme der Singularisierung[37] und der Heterogenisierung[38]. Dies ist inzwischen vielfach beschrieben und wissenschaftlich nachgewiesen.

Erläuterung des demografischen Wandels

Empirisch lässt sich der demographische Wandel retrospektiv anhand von Zeitreihenvergleichen der offiziellen Daten des Statistischen Bundesamtes (DeStatis) belegen. Die voraussichtliche Zukunftsentwicklung wird auf der Grundlage der offiziellen Bevölkerungsvorausberechnungen[39] prognostiziert. In vielen Ländern, besonders in entwickelten Staaten, gibt es immer mehr ältere Menschen im Vergleich zu jüngeren. Dies passiert, weil die Lebenserwartung steigt – Menschen leben länger – und die Geburtenrate sinkt – es werden weniger Kinder geboren. Das führt dazu, dass der Anteil der älteren Menschen an der Gesamtbevöl-

---

[36] Siehe Japan.

[37] Die relative Zunahme von 1-Pesonen-Haushalten (nach Mäding 2005, 23)

[38] Im Kontext des demografischen Wandels führen der positive internationale Wanderungssaldo sowie die spezifische Zusammensetzung von Ein- und Auswanderung zu einer zunehmenden Diversität in der Bevölkerung. Diese Vielfalt manifestiert sich nicht nur in Bezug auf die regionale oder ethnische Herkunft der Menschen, sondern erstreckt sich auch auf ihre kulturellen und religiösen Hintergründe.

[39] Derzeit arbeiten die Statistiker*innen mit der 15. koordinierten Bevölkerungsvorausberechnung.

kerung wächst. Mit der Alterung der Bevölkerung verschiebt sich auch die Altersstruktur. Es gibt weniger junge und mehr ältere Menschen. Dies hat große Auswirkungen, zum Beispiel auf den Arbeitsmarkt, die Rentensysteme und die Gesundheitsversorgung. Um dies wissenschaftlich zu belegen, werden empirische Daten erhoben und mit bewährten Instrumenten ausgewertet.

Koordinierte Bevölkerungsvorausberechnungen

Koordinierte Bevölkerungsvorausberechnungen sind statistische Annahmen mit unterschiedlichen Varianten auf der Grundlage aktueller amtlicher Meldedaten, die zeigen, wie sich die Bevölkerungszahl und der Altersaufbau der Bevölkerung unter bestimmten Annahmen zur Entwicklung wesentlicher Komponenten der Bevölkerungsbewegung – Geburtenhäufigkeit, Sterblichkeit und Wanderungen – innerhalb eines festgelegten Zeithorizonts verändern kann. Die aktuelle Lage ist weiterhin von großen Unsicherheiten gekennzeichnet. Das gilt auch für das demografische Geschehen. Ungeachtet dessen blickt die 15. koordinierte Bevölkerungsvorausberechnung über den Zeithorizont von fast 50 Jahren bis 2070 voraus.

»Bevölkerungsvorausberechnungen verdeutlichen und quantifizieren die künftigen Auswirkungen heute bereits angelegter Strukturen und erkennbarer Veränderungen. Da sich die Bevölkerung in der Regel allmählich verändert und die demografischen Prozesse (Fertilität, Mortalität und Migration) weit in die Zukunft hineinwirken, liefern die Bevölkerungsprojek-

tionen wichtige Hinweise auf künftige demografische Verän-
derungen. Sie sind deshalb für vorausschauendes politisches
und wirtschaftliches Handeln unverzichtbar.« (DeStatis, 15.
koordinierte Bevölkerungsvorausberechnung)

Anders als Medien, die Bertelsmann-Stiftung oder Alarmisten wie Birg (»Sterben die Deutschen aus?«) dies häufig suggeriert haben, gibt es wegen der vielen Variablen und der damit verbundenen Unsicherheiten aber nicht DIE demografische Prognose schlechthin, sondern lediglich Szenarien, die man interpretieren muss und für die man sich entscheiden kann.

Modellrechnungen sind keine exakten Prognosen

Die 15. koordinierte Bevölkerungsvorausberechnung stellt einen umfassenden Versuch dar, die zukünftige Bevölkerungsentwicklung Deutschlands bis zum Jahr 2070 aufzuzeigen. Basierend auf dem Bevölkerungsstand am 31. Dezember 2021, verwendet sie 21 Varianten und acht Modellrechnungen, um ein breites Spektrum möglicher Entwicklungen abzubilden. Diese Methodik erlaubt es, die Effekte demografischer Komponenten wie Geburtenrate, Sterblichkeit und Migrationsbewegungen auf die Bevölkerungsstruktur zu analysieren und vorauszusagen. Die Variantenvielfalt dient dazu, unterschiedliche Zukunftsszenarien zu modellieren und Nutzerinnen und Nutzern die Auswahl der für ihre Zwecke passendsten Varianten zu ermöglichen.

Jedoch beinhalten Bevölkerungsprojektionen stets Unsicherheiten, da sie unvorhersehbare Ereignisse und Strukturbrüche nicht antizipieren können. Krisen wie die COVID-19-Pandemie und die Folgen der russischen Invasion in die Ukraine verdeutlichen die Herausforderungen bei der Vorhersage demografischer Entwicklungen.

Solche krisenhaften Ereignisse können die Bevölkerungsentwicklung unmittelbar beeinflussen, etwa durch erhöhte Sterblichkeit oder außergewöhnliche Zuwanderungsbewegungen, und unterstreichen die Bedeutung regelmäßiger Aktualisierungen der Bevölkerungsvorausberechnungen.

Die 15. koordinierte Bevölkerungsvorausberechnung liefert nicht nur Daten auf Bundesebene, sondern auch für die einzelnen Bundesländer, basierend auf harmonisierten Annahmen und Methoden. Diese Prognosen sind ein wichtiges Instrument für die Planung und Entscheidungsfindung in Politik und Wirtschaft, da sie die zukünftigen demografischen Veränderungen und deren Auswirkungen verdeutlichen. Trotz der inhärenten Unsicherheiten dienen sie als Grundlage für »Wenn-Dann-Szenarien«, die es ermöglichen, die Folgen verschiedener demografischer Entwicklungen zu verstehen und darauf zu reagieren.

Zur begrenzten Aussagekraft der Bevölkerungsvorausberechnungen schreibt das Statistische Bundesamt auf seiner DeStatis-Webseite:

»Die amtlichen Bevölkerungsvorausberechnungen erheben jedoch keinen Anspruch, die Zukunft vorherzusagen. Sie lie-

fern „Wenn-Dann-Szenarien" und helfen damit zu verstehen,
wie sich die Bevölkerungszahl und die Bevölkerungsstruktur
unter bestimmten demografischen Voraussetzungen entwi-
ckeln würden.« (DeStatis, 15. koordinierte Bevölkerungsvo-
rausberechnung)

Indizien des demografischen Wandels

Daten und Analysen liegen seit Jahren vor. Man muss aber
politisch bereit sein, diese Daten, Analysen und auch Reform-
vorschläge, die darauf aufbauen, zur Kenntnis zu nehmen, zu
bearbeiten und daraus Konsequenzen ziehen. Das ist nicht unbedingt populär.

»Die demografische Alterung ist in Deutschland schon lan-
ge kein Zukunftsthema mehr. Im Ausgangsjahr 2021 ist die
demografische Alterung bereits weit vorangeschritten. Das
Durchschnittsalter der Bevölkerung in Deutschland war 2021
mit 45 Jahren um gut 5 Jahre höher als im Jahr der deut-
schen Vereinigung (1990: 39 Jahre). Besonders anschaulich
zeigen sich die Veränderungen anhand der Alterung der stark
besetzten Jahrgänge von 1955 bis 1970, die zur sogenann-
ten Babyboom-Generation gehören. Im Jahr 1990 bildeten
sie als 20- bis 35-Jährige die größte Altersgruppe. Das sind
sie auch heute noch, sie sind aber in das höhere Erwerbsalter
gekommen. Ihr Ausscheiden aus dem Erwerbsalter hat be-
gonnen und wird sich bis Ende der 2030er-Jahre fortsetzen.
Die Anzahl der Menschen im Alter ab 70 Jahren ist zwischen
1990 und 2021 von 8,0 Millionen auf 13,5 Millionen Personen
gestiegen. Bemerkenswert sind auch die Auswirkungen der –
schneller als bei den Frauen – gestiegenen Lebenserwartung
der Männer. Bei den höheren Altersklassen wird deutlich,
dass mittlerweile nicht nur Frauen, sondern auch deutlich

mehr Männer ein höheres Lebensalter erreichen.« (DeStatis, 15. Bevölkerungsvorausberechnung)

Diese Indizien sind ziemlich eindeutig: Die vorliegenden Daten und Analysen deuten stark auf einen demografischen Wandel in Deutschland hin, vor allem aufgrund der fortschreitenden Alterung der Bevölkerung. Die Veränderung des Durchschnittsalters von 39 auf 45 Jahre innerhalb von 31 Jahren ist geradezu spektakulär. Dies ist keine Prognose. Hier handelt es sich um objektive empirische Daten. Die Kohorte der Babyboomer ist weiter die größte Altersgruppe – aber nun als gealterte Babyboomer im baldigen Ruhestand.

Ich habe schon 2011 in meiner Dissertation auf zwei wichtige Forschungsergebnisse hingewiesen:

»Nicht die Schrumpfung, sondern die Alterung ist das Problem« (König 2011,169). Grundlage dazu waren empirische Befunde zur Alterung in Saar-Lor-Lux und Rheinland-Pfalz und im bundesdeutschen Kontext. Das zweite wichtige Forschungsergebnis – auch ein Indiz des demografischen Wandels – ist die »gespaltene Dynamik deutscher Regionen« (König, 188), die nach wie vor aktuell ist. Die gespaltene Dynamik (wirtschaftlich, forschungspolitisch, kulturell, bevölkerungsstatistisch) macht den politischen Umgang mit dem Phänomen des demografischen Wandels schwierig. Es gibt keine »Standard-Maske«, die für die Analyse der Daten und der sonstigen Erkenntnisse verwandt werden kann, wie dies bei Standard-Computerprogrammen möglich ist. Zudem sind auch die in den Medien so beliebten Rankings (siehe Bertelsmann) kaum mehr als ein Schmankerl in politisierten Debatten. Man kann damit Prozesse auf den Weg bringen. Als Instrumente taugen sie nicht, zumal diese Rankings nur Momentaufnahmen sind. Das bedeutet, dass jede Kommune, jedes Land, jedes Unternehmen je eigene Analysen auf den Weg bringen muss, wenn die Indizien des demografischen Wandels identifiziert und dokumentiert sind. Dann beginnt die eigentliche Arbeit.

Für den Bereich der Alterssicherung bedeutet dies, die unterschiedlichen Varianten der Bevölkerungsvorausberechnung als mögliche Szenarien durchzudeklinieren und weitere Variablen in die strategischen Überlegungen einzubeziehen. Eine eindimensionale oder zweidimensionale Betrachtung (Renteneintrittsalter, Beitragsschwelle) genügt nicht. Dass dies nicht trivial ist, versteht sich. Allerdings lassen sich mit Hilfe der KI unterschiedliche Szenarien modellieren, die sich von den bisherigen simplifizierenden Vorschlägen insbesondere der Ökonomen unterscheiden. Deshalb unser Titelbild.

Wer über Renten und demografischen Wandel diskutiert, sollte in einer Zeit der Destabilisierung demokratischer Strukturen und zunehmender populistischer Erfolge dafür sorgen, dass »(Re-)Building Trust and Legitimacy across Stakeholders«[40] ebenso berücksichtigt werden wie die Aner-

---

40   Das Thema »(Re-)Building Trust and Legitimacy across Stakeholders« im Rentensystem ist sehr wichtig, da es um das Vertrauen und die Legitimität zwischen verschiedenen Interessengruppen geht. Es ist entscheidend, dass alle Beteiligten, wie

kennung von »Livetime-Achievements«, also Lebensleistungen. Das gilt insbesondere für Menschen am unteren Ende der Einkommens-Skala. Politik wird nicht nur für Mittel- und Oberschichten gemacht, Fairness (Rawls) ist fundamental.

AK

Rentenempfänger, Beitragszahler und Rentenversicherungsträger, ein gemeinsames Verständnis entwickeln und darauf vertrauen können, dass ihre Interessen berücksichtigt werden. Dies ist für die Demokratie in Zeiten der Vertrauenskrisen insgesamt wichtig.

Auf dem Weg in die alternde Republik

Ein Forschungsbericht

Armin König

Einleitung:

Die wachsende Bedeutung des demografischen Wandels

In den letzten zwei Jahrzehnten haben der demografische Wandel und seine Auswirkungen in Deutschland, Österreich und der Schweiz zunehmend an Bedeutung gewonnen[1]. Deutschland steht dabei vor besonderen Herausforderungen, unter anderem einem erheblichen Geburtendefizit[2]. Dies betrifft nicht nur die Bevölkerungsstruktur[3] und -dynamik, sondern auch Bereiche wie Unternehmensführung, Stadt- und Regionalplanung sowie politische Partizipation. Der demografische Wandel und seine nahezu ubiquitären Herausforderungen erfordern aktives Ma-

---

[1] vgl. Frevel 2013; Brussig 2015; Wilke 2019; Binder-Hammer 2021; Budliger 2021.

[2] DeStatis 2024. Dieses Geburtendefizit ist lange nicht in seiner Konsequenz wahrgenommen oder erkannt worden; zeitweise wurde es als demografische Deividende missverstanden. Es war aber keine Dividende, die in guten Zeiten ohnehin nicht genutzt wurde, sondern eine Hypothek. Diese müssen kommende Generationen abtragen.

[3] Den berühmten »Baum« und seine Veränderungen haben viele gesehen und zur Kenntnis genommen. Man sollte eine »Generationenwaage« als Symbol einführen - klassisch mit Gewichten.

nagement und eine umfassende wissenschaftliche Auseinandersetzung.

Dass das Thema auch politische Brisanz hat, zeigt die Debatte über die Rentenpolitik, die 2023 im Deutschen Bundestag sehr emotional geführt wurde: Gibt es dabei nur Verlierer? Oder setzen sich die Babyboomer gegen die Jungen durch, weil sie eine immer stärkere Bedeutung als Wählergruppe haben? Sind sie die Lieblinge der Gewerkschaften, der alternden Volksparteien und der etablierten Interessengruppen? Diese Debatte hat gerade erst begonnen. Der »Schwarze Schwan« (Taleb 2007) wird systematisch ausgeblendet, der »Elefant im Raum« wird als stummer Gast zur Kenntnis genommen.[4] Die Demografiepolitik der deutschen Bundesregierung ist seit Jahren im Wortsinn »reaktionär«.

Die Politik kuriert Symptome, versucht planlos, gegenzulenken, macht hie und da vielerlei Projekte, die nicht nachhaltig sind (»Projektitis«), verweigert aber Innovationen und eine mutige Auseinandersetzung. In Österreich und der Schweiz ist die Lage kaum anders[5].

---

[4] Wenn doch darüber berichtet wird (– etwa in der neuen Zürcher Zeitung, 19.1.2022: Rentenreform braucht höheres Rentenalter; Stuttgarter Zeitung, 12.12.2022, Das Rentenalter ist der Elefant im Raum; RND, 7,6,2021; FDP-Vize Vogel 8.12.2023: Wegen Haushaltskrise: FDP-Vize fordert Kürzungen für Rentner - „Rente ist der Elefant im Raum") fällt den Protagonisten nichts Anderes ein als höheres Rentenalter oder Rentenkürzungen. Solche Debatten werden immer wieder schnell beendet - aus Furcht vor Wählerinnen und Wählern?

[5] Nachzulesen im Wirtschaftsteil der NZZ.

Ein weiteres großes Thema ist der Mangel an Fachkräften. Nun hat auch die Wirtschaft in ihrer Breite dieses Thema erkannt, das seit mindestens 15 Jahren auf der Agenda der Wissenschaft und der Thinktanks steht. Die Literatur dazu ist sehr substantiiert. Das gilt für Deutschland, Österreich und die Schweiz und auch für die europäischen Institutionen. Dazu findet man umfassende Datensammlungen und Analysen. ifo und weitere Forschungsinstitute legen umfassende Gutachten, aber auch Kurzanalysen vor, die prägnant die Probleme benennen. Die Minderheitenmeinungen von Achim Truger und Veronika Grimm im Jahresgutachten 2023/24 belegen, dass politischer Sprengstoff in diesen Analysen steckt. Folgte man der Mehrheitsmeinung, müssten Millionen Menschen plötzlich massive Verluste erleiden. Das ist in der Öffentlichkeit bisher nicht bekannt-

Schon Ende der 2000er Jahre gab es das Handlungsfeld Recruiting und Personalmanagement im demografischen Wandel. Die statistischen Grundlagen waren allgemein bekannt. Wer sein Unternehmen gut führte, wusste um die Humankapitalbasis: Wer geht wann in Renten? Wann muss ausgebildet werden und in welchem Ausmaß? Und wer die betriebswirtschaftliche Literatur verfolgte, kannte auch die demografisch-strategischen Grundlagen. Demografieorientiertes Recruitment ist kein Zauberwort, keine Geheimwissenschaft, sondern Handwerk.

Dass die »Schwarze-Null-Ideologie« Wolfgang Schäubles über viele Jahre ein zukunftsorientiertes Recruitment in der öffentlichen Verwaltung erschwert oder gar verhindert hat, ist unverkennbar, gehört aber zu den Forschungsdesiderata.

Wider die Altersdiskriminierung

Gegen Altersvorurteile und Altersdiskriminierung hat Benjamin F. Jones schon 2010 einen spektakulären und viel zitierten Artikel geschrieben: »Age and great Invention«.

Diese faszinierende Studie revidiert Vorstellungen, dass im Alter die Kreativität und Produktivität zurückgeht. Sie widerspricht der Annahme, dass bahnbrechende Ideen hauptsächlich von jungen Köpfen stammen. Sie ist aber noch viel differenziert. Denn gleichzeitig verweist Jones auch auf die Bedeutung von Wissensakkumulation im Laufe des Lebens.

Die europaweite Studie von Mirela Cristea et al. (2022) sieht ihrerseit erheblichen Handlungsbedarf in den meisten der EU-Länder, um Anreize für eine neue Arbeitsmarktpolitik (Beschäftigung der 55- bis 64jährigen mit unterschiedlichem Bildungsniveau), Aktivitäten zur Qualifizierung und »Kompetenz-Umorientierung« älterer Beschäftigter und ein Engagement im Sinne freiwilliger flexibler längerer Arbeitsmöglichkeiten als Mittel gegen Altersarmut zu etablieren.

Außerdem sollten die Forschungs- und Entwicklungsaktivitäten in diesem Policy-Feld erheblich ausgeweitet werden. Dass Cristea ebenfalls empfiehlt, den vorzeitigen Ruhestand stärker als bisher zu begrenzen, dürfte auf erhebliche Widerstände stoßen. Ihre Empfehlungen laufen darauf hinaus, mehr Geld für eine demografiesensible Generationenpolitik auszugeben und dabei vor allem Bildung und Qualifikation, Information, Diversität und öffentliches Gesundheitsweisen zu stärken.

Mit Debatten ist auch beim Thema Solidarität zu rechnen. Denn die Frage, wie die Demografie das Solidaritätsprinzip in der gesetzlichen Krankenversicherung beeinflusst, hat finanzielle Auswirkungen für alle Beteiligten. Ähnliches gilt für die Altersversorgung.

Schließlich sollte man wegen der weltweiten Verflechtungen Deutschlands und Europas auch die internationalen Aspekte nicht vernachlässigen, zumal dies für die Wirtschaftsentwicklung auf dem Kontinent und in Deutschland erheblichen Auswirkungen haben könnte. So haben Hosan et al. in einer Studie den Zusammenhang zwischen demografischer Dividende, digitaler Innovation, Energieintensität und nachhaltigem wirtschaftlichen Wachstum in 30 Schwellenländern untersucht (Hosan et al. 2022). Dabei gibt es enorme Unterschiede. Wird an den richtigen Stellschrauben gedreht, kann dies die Nachhaltigkeit fördern.

Eine dänische Studie zur Lebenserwartung in unterschiedlichen sozialen Schichten bei 50- bis 70jährigen lässt aufhorchen. Sie bestätigt, was Gewerkschaften und Sozialverbände sowie Kirchen seit langem diskutieren: Dass die sozialökonomischen Verhältnisse nicht nur Auswirkungen auf Lebensqualität und Gesundheitsstandards haben, sondern auch auf die Lebenserwartung (Strozza et al. 2022).

Die Autorinnen und Autoren stellen fest, dass sich die Kluft in den »Überlebensungleichheiten« zwischen den niedrigsten und höchsten sozioökonomischen Gruppen im Laufe der Zeit vergrößert hat. Die Sterblichkeit ist in den niedrigsten sozioökonomischen Gruppen höher als bei den bestsituierten Gruppen und hat sich – anders als bei den Wohlhabenden – im Lauf der Jahrzehnte nicht verbessert.

Vielfältige Perspektiven auf den demografischen Wandel

Die vielfältigen Aspekte des demografischen Wandels werden umfassend bearbeitet in der Literatur, während Politik und Wirtschaft hinter dieser Entwicklung der Wisssenschaft hinterherhinken. Im ökonomischen Bereich ändert sich das gerade. Von grundlegenden Arbeiten über Personalpolitik und -strategie bis hin zu innovativen Ansätzen im strategischen Management reichen die Ansätz. Unternehmen aufgefordert, sich an dynamische

Veränderungen anzupassen. Das geschieht bisher nach Ansicht der Wissenschaft noch unzureichend. Diese Defizite schlagen sich negativ auf die wirtschaftliche Performance und die Zufriedenheit der Bevölkerung nieder. Die Rolle von Bildung, sozialen Beziehungen und bürgerschaftlichem Engagement wird ebenso beleuchtet wie die ökonomischen Perspektiven und die Auswirkungen auf Stadtentwicklung und Raumplanung. Die Bedeutung von Governance und Steuerungsmöglichkeiten auf verschiedenen Ebenen wird hervorgehoben, um den Herausforderungen wirksam zu begegnen.

Good Governance ist offenbar noch nicht ausreichend ausgeprägt. Das war im Zuge der Corona-Pandemie ebenso zu verfolgen wie bei der Debatte über die Alters- und Gesundheitsversorgung.

Liest man diese Ergebnisse unkonventionell »gegen den Strich« gibt dies Hinweise darauf, dass die Probleme in Deutschland und anderen EU-Ländern nicht ausreichend gut gelöst werden.

Anders ausgedrückt: Deutschland könnte viel besser sein, das Potenzial wir nicht ausreichend genutzt. Das ist eine Frage der Prioritätensetzung und der Verteilungs- und Generationengerechtigkeit. Auch das Thema Steuergerechtigkeit spielt in diesem Zusammenhang eine Rolle.

Erweiterung des Forschungsfokus

Neuere Beiträge erweitern den Fokus der demografischen For-schung um wichtige Aspekte wie die räumliche Verteilung von Bevölkerungsgruppen und den Rückgang der Fruchtbarkeitsra-ten in den EU-Ländern in Abhängigkeit von Public-Health-Fakto-ren. Bisher wenig beachtet sind Studien, welche Krankheiten im Zuge der Alterung der Bevölkerung künftig prägend sein werden und wie sich dies auf die Gesundheitsversorgung und die Kos-ten von Gesundheit und Pflege auswirken wird. So hat Gabriele Doblhammer mit der Studie »Can dementia become the most prevalent disease at the time of death in Germany?« eine bahn-brechende Projektion bis zu Jahr 2060 für die fünf wichtigsten lebensgefährdenden Krankheiten vorgelegt (Doblhammer et al. 2022). Anders gefragt: »Demenzen oder Krebs? Welche Krank-heiten werden zukünftig am Lebensende überwiegen?« (Do-blhammer 2022).

Eigentlich muss sich die Politik jetzt schon intensiv mit dieser Frage befassen. Auch ethische Fragen stellen sich: Heißt länger leben dann auch länger leiden (Doblhammer & Kreft 2011)?

Die Einflüsse von Technologie und globalen Netzwerken auf Wirtschaft und Gesellschaft werden ebenso themati-siert wie die Verwaltung und Steuerung demografischer Prozesse. Wichtige Einblicke in die Herausforderungen und Chancen für Unternehmen im Kontext des demografischen

Wandels werden gegeben, ebenso wie zu praxisnahen und zukunftsorientierten Themen wie Pflegebedürftigkeit und Krankheitslasten am Lebensende.

EC-Beiträge zur demografischen Forschung und Politikgestaltung

Die Europäische Kommission liefert wichtige Perspektiven und Strategien, um die Herausforderungen des demografischen Wandels in Europa anzugehen. Von der Anerkennung der demografischen Zukunft Europas als Herausforderung und Chance bis zu spezifischen Politikempfehlungen und der Einrichtung einer Sachverständigengruppe zu demografischen Fragen, zeigt sich ein umfassendes Engagement für eine proaktive und integrative Herangehensweise.

Die Kommission fordert die Mitgliedstaaten auf, integrierte Strategien zur Bewältigung des demografischen Wandels zu entwickeln und umzusetzen. Demografische Belange sollen in alle Politikbereiche integriert werden. Gleichstellung der Geschlechter, Nichtdiskriminierung und Generationengerechtigkeit sollen zentral in politischen Entscheidungen stehen. Erschwingliche und hochwertige Kinderbetreuung auf den einen Seite und Langzeitpflege älterer Menschen auf der anderen Seite werden als fundamentale politische Herausforderungen und Aufgaben angesehen.

Politische Lösungen sollen den Nutzen für mehrere Generationen berücksichtigen und in Bildung, Wohnen, Pflege und am Arbeitsplatz unterstützt werden. Vor allem sollen politische Maßnahmen auf lokale Gegebenheiten abgestimmt und mit aktiver Beteiligung regionaler und lokaler Behörden, der öffentlichen Arbeitsverwaltungen, Sozialpartner und Zivilgesellschaft umgesetzt werden.

Partizipation ist ein Schlüssel der Demografiepolitik (EC 2023; König 2011). Illusionen muss sich niemand mehr machen, der die Dokumente der Kommission und ihre Empfehlungen liest: Offenkundig wirkt sich

> *»der demografische Wandel unmittelbar auf das Humankapital und die Wettbewerbsfähigkeit der EU aus. Die Alterung der Bevölkerung und die schrumpfende Zahl an Menschen im erwerbsfähigen Alter dürften den Arbeitskräftemangel verschärfen und den Druck auf die öffentlichen Haushalte erhöhen. Die Bevölkerungsalterung dürfte sich zudem tiefgreifend auf Investitionen, Produktivität und unternehmerische Tätigkeit auswirken.« (EC, COM(2023) 577 final).*

Klar ist, dass sich der demografische Wandel nicht etwa von selbst erledigt, sondern zunehmend Probleme aufwirft.

Die Europäische Kommission hat sich umfassend und breit mit den Herausforderungen und Chancen des demografischen Wandels in Europa auseinandergesetzt. Sie fordert ein umfassendes Engagement für eine proaktive und integrative Demografiestrategie. Sie hat die demografische Zukunft Europas im Jahr 2006 schon sehr realistisch prognostiziert. Es folgten immer wieder detaillierte Analysen zu Kernthemen der demografischen Entwicklung bis hin zu spezifischen Empfehlungen und erheblichen finanziellen Förderungen, unter anderem im Bereich der Regionalpolitik und der Förderung von Solidarität zwischen Generationen. Anders als dies von der Politik erwartet wird, waren die Protagonisten der Kommission über all die Jahre daran interessiert, wissenschaftliche Erkenntnisse und Expertenwissen in die Entscheidungsfindung einzubeziehen. Die Einrichtung einer Sachverständigengruppe zu demografischen Fragen im Jahr 2007 war ein erster wichtiger Anstoß.

Zeitsprung

Durch Veröffentlichungen in den Jahren 2023, die dem demografischen Wandel hohe Aufmerksamkeit widmen, wird dieser als zentraler Faktor für Europas zukünftige Entwicklung hervorgehoben. Die Europäische Kommission legt dar, wie sich der demografische Wandel unmittelbar auf das Humankapital und die Wettbewerbsfähigkeit der EU auswirkt, einschließlich der Herausforderungen, die die Alterung der Bevölkerung und die schrumpfende Zahl an Menschen im erwerbsfähigen Alter für den Arbeitsmarkt, die öffentlichen Haushalte sowie für Investitionen und unternehmerische Aktivitäten darstellen.

Die Literatur der Europäischen Kommission und von EuroStat ist essenziell für ein tiefgreifendes Verständnis der demografischen Dynamiken in Europa und bietet eine solide Grundlage für die Entwicklung von Strategien und Maßnahmen, die auf nationaler und europäischer Ebene umgesetzt werden können. Sie zeigt auf, dass der demografische Wandel zwar eine gewaltige und weithin unterschätzte Herausforderung ist, sondern auch eine Chance für Wachstum, Innovation und sozialen Zusammenhalt. Durch eine multidisziplinäre und integrative Herangehensweise, die wissenschaftliche Erkenntnisse, politische Strategien und praktische Maßnahmen vereint, tragen diese Veröffentlichungen dazu bei, die zukünftige Richtung Europas in einer sich schnell verändernden Welt zu gestalten.

Soziale Komponenten und kommunale Demografiepolitik

Untersuchungen zu sozialen Dimensionen des demografischen Wandels, die Entwicklung des Partnermarkts, die Arbeitsmarktbeteiligung älterer Menschen und die Bedeutung einer flexiblen Arbeitswelt zeigen die Vielschichtigkeit der Thematik. Kommunale Demografiepolitik und die Anpassung an demografische Veränderungen spielen eine entscheidende Rolle in der Gestaltung resilienter Gemeinden. Digitale Technologien und die Einbindung der Bürger in die Entwicklungsplanung sind dabei zentrale Aspekte.

Von der Bevölkerungsstruktur bis zum Facharbeitermangel, von der Governance zur Rolle sozialer Beziehungen

Die demografische Entwicklung und der demografische Wandel sind Themen, die in den letzten beiden Jahrzehnten zunehmend an Bedeutung gewonnen haben. Die damit verbunden Herausforderungen lösen sich auch nicht von selbst auf. Diese Aufgaben müssen aktiv gemanagt werden, zumal Deutschland nach wie vor unter einem erheblichen Geburtendefizit leidet.

Die Themen betreffen nicht nur die Bevölkerungsstruktur und -dynamik, sondern auch weitreichende Bereiche wie das strategische Management von Unternehmen, die Stadt- und Regionalplanung sowie die Partizipation in der Politik. Diese Bibliografie versammelt eine breite Palette von Literatur, die sich mit den vielfältigen Aspekten und Herausforderungen des demografischen Wandels befasst.

Sie reicht von grundlegenden Arbeiten über die Gestaltung von Personalpolitik und -strategie in Zeiten demografischer Veränderungen (Adenauer et al., 2015) bis hin zu innovativen Ansätzen im strategischen Management (Adizes, 1981; Ansoff, 1965), die darauf abzielen, Unternehmen an die dynamischen Veränderungen anzupassen. Ebenfalls beleuchtet wird die Rolle von Bildung und sozialen Beziehungen (Allmendinger et al., 2007) sowie die Bedeutung von bürgerschaftlichem Engagement und Partizipation für die Gestaltung einer lebendigen demokratischen Gesellschaft

(Alemann, 1999; 2005). Die Texte decken ein breites Spektrum ab, das von theoretischen Grundlagen über empirische Studien bis hin zu Handlungsempfehlungen reicht.

So werden beispielsweise auch die ökonomischen Perspektiven des demografischen Wandels (Akerlof & Shiller, 2009; Ansoff, 1976) sowie dessen Auswirkungen auf die Stadtentwicklung und Raumplanung (Albers, 1999; Altrock, 2007; 2008) thematisiert.

Zudem wird die Bedeutung der Governance und der Steuerungsmöglichkeiten auf lokaler, regionaler und nationaler Ebene hervorgehoben (Arendt, 2001; Arnim, 2008a; 2008b), um den Herausforderungen des demografischen Wandels wirksam zu begegnen.

Regionale Aspekte

Nicholas Campisi bietet einen aktuellen und detaillierten Einblick in den unerwarteten Rückgang der Fruchtbarkeitsraten in den nordischen Ländern, insbesondere in ländlichen Gebieten und unter jüngeren Frauen, und betont die Bedeutung des wirtschaftlichen und sozialen Kontextes (Campisi, 2022; 2023). Manuel Castells' wegweisende Arbeit über die Netzwerkgesellschaft im Informationszeitalter stellt einen grundlegenden theoretischen Rahmen zur Untersuchung des Einflusses von Technologie und globalen Netzwerken auf Wirtschaft, Gesellschaft und Kultur dar (Castells, 2003).

Die Aufnahme von Beiträgen von Clement et al. (2019), die sich mit dem demografischen Wandel in der Großregion beschäftigen, sowie von Damkowski und Rösener (2004), die Good Governance auf lokaler Ebene thematisieren, trägt zu einem umfassenden Verständnis der Verwaltung und Steuerung demografischer Prozesse bei. Jürgen Deller und Kollegen bringen mit ihren Arbeiten zur Bedeutung des demografischen Wandels für das Personalmanagement (Deller, Hausmann, Kern, 2008; Deller & Kolb, 2010) wichtige Einblicke in die Herausforderungen und Chancen, die sich für Unternehmen ergeben.

Ebenso erweitern die Beiträge zur qualitativen Flächenaufwertung (Dennhardt, 2008), zur Zukunft der Pflegebedürftigkeit in Deutschland (DeStatis, 2024a) und zu den Krankheitslasten am Lebensende (Doblhammer et al., 2022; Doblhammer, 2022) das Spektrum der Diskussion um praxisnahe und zukunftsorientierte Themen. Das zeigt die Vielschichtigkeit der demografischen Forschung, von der Analyse gesellschaftlicher Leitbilder über die Bevölkerungsstatistik bis hin zur Zukunft der Gesundheitsversorgung und der Bedeutung von Governance-Strukturen für eine nachhaltige Entwicklung.

Für das Gesundheitswesen dürfte vor allem die Studie von Doblhamer von erheblicher Bedeutung sein. Sie fragt kritisch: Demenzen oder Krebs? Welche Krankheiten werden zukünftig am Lebensende überwiegen? Da kann auf die

Finanziers des Gesundheits- und Pflegewesens - also die Steuer- und die Beitragszahler*innen noch viel zukommen. Auch auf diesem Feld wird der demografische Wandel zu einem Megathema.

Innenstadt-Entwicklung, Alters- und Kohortenthemen

Proaktiv auf den demografischen wandle zu reagieren bedeutet auch, die Städte und Dörfer neu zu planen, die Stakeholder zu beteiligen und dabei neue Alter(ns)bilder zur Grundlage zu machen. Überhaupt sind Alters- und Kohortenthemen in der Erforschung des demografischen Wandels fundamental. Untersuchungen wie die von Eckard, Stauder und Wiese (2015), die sich mit der Entwicklung des Partnermarkts und dessen Alters- und Kohortenunterschiede beschäftigen, beleuchten die sozialen Dimensionen des demografischen Wandels und dessen Auswirkungen auf das individuelle Lebensumfeld. Die Analyse von Eckert (2019) zu den Unterschieden zwischen jungen Städten und dem älteren Land unterstreicht die räumlichen Disparitäten, die durch demografische Veränderungen entstehen können.

Die Arbeit von Eichhorn und Siedentop (2022) bietet einen fundierten Einblick in die Innenentwicklung in Deutschland und stellt einen wichtigen Beitrag zum Verständnis der räumlichen Planung im Kontext demografischer Veränderungen dar. Räumliche Planung im demografischen Wandel wird weitgehend unterschätzt.

Erlinghagen und Hank (2008) thematisieren das produktive Altern und die informelle Arbeit, was die Diskussion um die Potenziale des Alterns in modernen Gesellschaften bereichert.

Etzemüller (2007) nimmt eine historische Perspektive ein und untersucht den apokalyptischen Bevölkerungsdiskurs im 20. Jahrhundert, was eine kritische Reflexion über den Umgang mit demografischen Herausforderungen ermöglicht.

Eurostat liefert mit dem „Demography 2023" Bericht aktuelle Daten und Analysen zur Bevölkerungsentwicklung in Europa, die für ein umfassendes Verständnis der demografischen Trends unerlässlich sind. Fink und Siebe (2006) sowie Finsel et al. (2023) tragen mit ihren Werken zu Zukunftsmanagement und der Validierung des Later Life Workplace Index zur Entwicklung von Strategien und Instrumenten bei, die Organisationen und Gesellschaften in die Lage versetzen, proaktiv auf den demografischen Wandel zu reagieren.

Kommunale Demografiepolitik

Kommunale Demografiepolitik spielt eine entscheidende Rolle in der Anpassung von Städten und Gemeinden an den demografischen Wandel. Dieser Wandel umfasst nicht nur die Schrumpfung und Alterung der Bevölkerung, sondern auch die veränderte Generationenbalance und die damit verbundenen Herausforderungen und Chancen. Die angeführten Autoren bieten ein breites Spektrum an Perspektiven und Lösungsansätzen, die für die Gestaltung einer vorausschauenden und resilienten kommunalen Politik und Planung unerlässlich sind.

Hank und Erlinghagen (2008) thematisieren die Potenziale des produktiven Alterns und der informellen Arbeit, was für Kommunen bedeutet, die Fähigkeiten und das Engagement älterer Bürgerinnen und Bürger stärker zu nutzen und zu fördern. Dies kann durch die Schaffung entsprechender Rahmenbedingungen für ehrenamtliches Engagement und Teilhabe älterer Menschen geschehen.

Helling und Görtler (2021) betonen die Bedeutung der Daseinsvorsorge im Kontext des demografischen Wandels. Für Kommunen heißt das, Dienstleistungen und Infrastrukturen so anzupassen, dass sie den Bedürfnissen einer sich wandelnden Bevölkerungsstruktur gerecht werden.

Höcht (2016) liefert einen interdisziplinären Ansatz für das Demografie-Management in kleinen Kommunen, die von

Schrumpfung betroffen sind. Ein solcher Ansatz kann dabei helfen, Strategien zur Belebung der lokalen Wirtschaft, zur Attraktivierung des Wohnraums und zur Verbesserung der Lebensqualität zu entwickeln.

Hondrich (2007) und Hüther (2017) bieten interessante Reflexionen über die gesellschaftlichen Implikationen des demografischen Wandels und die Notwendigkeit einer bewussten Demografiepolitik, die transformative Prozesse in der Gesellschaft einleiten und begleiten kann.

Die Publikationen von König (2008, 2011, 2020) zeigen beispielhaft auf, wie durch Offenheit, innovative Ideen und Bürgerpartizipation der demografische Wandel auf kommunaler Ebene gestaltet werden kann. Die Einbindung der Bürger in die Entwicklungsplanung ist dabei ein zentraler Aspekt, um den Herausforderungen proaktiv und kreativ zu begegnen.

Kubicek (2019) und Kühnel (2022) weisen auf die Rolle der Digitalisierung hin. Digitale Technologien bieten neue Möglichkeiten, um die Lebensqualität in schrumpfenden und alternden Gemeinden zu verbessern, beispielsweise durch digitale Daseinsvorsorge, digitale Bürgerbeteiligung und die Optimierung kommunaler Dienstleistungen.

Insgesamt unterstreicht die Literatur die Bedeutung einer proaktiven, integrativen und partizipativen kommunalen Demografiepolitik. Durch die Anpassung an demografische

Veränderungen können Städte und Gemeinden nicht nur Herausforderungen meistern, sondern auch neue Chancen für die Zukunftsgestaltung erkennen und nutzen.

Wie sieht es mit der Geschlechterbalance aus?

In Regionen mit unausgewogener Geschlechterbalance stehen Gemeinschaften vor spezifischen sozialen und demografischen Herausforderungen, die weitreichende Auswirkungen haben können. Die Forschung von Leibert und Friedrich (2023) zeigt, dass Geschlechterdisproportionen, insbesondere unter jungen Erwachsenen, weiterhin relevante Themen für die Raumplanung und Demografie darstellen. Solche Disbalancen können sich aus verschiedenen Faktoren ergeben, darunter Migrationstrends, die oft jüngere Männer in städtische Gebiete oder ins Ausland ziehen lassen, während Frauen in ländlicheren Regionen überrepräsentiert bleiben. Dies kann Auswirkungen auf die soziale Struktur, die Verfügbarkeit von Dienstleistungen und die Lebensqualität in diesen Gebieten haben.

Die Folgen einer unausgewogenen Geschlechterverteilung sind vielfältig. Sie reichen von Schwierigkeiten bei der Partnerfindung über veränderte Familienstrukturen bis hin zu sozialen Spannungen. Für die Raumplanung und lokale Politikgestaltung bedeutet dies, dass Maßnahmen entwickelt werden müssen, um die Attraktivität der betroffenen

Gebiete zu steigern, etwa durch die Schaffung von Arbeitsplätzen, Bildungsmöglichkeiten und Freizeitangeboten, die junge Menschen beider Geschlechter ansprechen.

Was die Erwerbsprofile Älterer angeht, so bietet die Studie von Lippke, Strack und Staudinger (2015) Einblicke in die Arbeitsmarktbeteiligung der 55- bis 70-Jährigen. Sie zeigt, dass eine wachsende Zahl älterer Menschen in Deutschland weiterhin erwerbstätig ist, sei es aus finanziellen Gründen, zur sozialen Teilhabe oder zur persönlichen Erfüllung. Die Erwerbstätigkeitsprofile Älterer sind dabei sehr vielfältig und reichen von Teilzeitarbeit über Selbstständigkeit bis hin zu ehrenamtlichen Tätigkeiten. Dies unterstreicht die Bedeutung einer flexiblen Gestaltung der Arbeitswelt, um die Potenziale älterer Erwerbstätiger voll auszuschöpfen und gleichzeitig ihre Bedürfnisse und Präferenzen zu berücksichtigen.

Für die Politik und Planung ergibt sich aus diesen Erkenntnissen die Notwendigkeit, sowohl die Herausforderungen unausgewogener Geschlechterverhältnisse als auch die Chancen, die sich aus der Erwerbstätigkeit älterer Menschen ergeben, anzugehen. Dies könnte Maßnahmen zur Förderung der Geschlechtergleichheit, zur Unterstützung der Work-Life-Balance und zur Anpassung der Arbeitsbedingungen an die Bedürfnisse älterer Arbeitnehmer umfassen.

Das Ende der gleichwertigen Lebensverhältnisse in Deutschland?

Maretzke (2013) setzt sich mit der Frage auseinander, ob der demografische Wandel eine Gefahr für die Sicherung gleichwertiger Lebensbedingungen darstellt, ein Thema, das besonders für die Raum- und Stadtentwicklungsplanung relevant ist. Mau (2021) und Reckwitz (2019) bieten Einblicke in die sozialen Veränderungen und die Entstehung neuer Klassengesellschaften, die durch den demografischen Wandel beeinflusst werden könnten.

Die Arbeiten von Mergenthaler et al. (2015, 2017) und Mayer (2017) beleuchten die Potenziale und Übergänge älterer Bevölkerungsgruppen, die für die Entwicklung von Arbeitsmarktstrategien und die Förderung des lebenslangen Lernens wesentlich sind. Nadler (2017) und Obst (2023) beschäftigen sich mit dem Verhältnis von demografischem Wandel, Daseinsvorsorge und zivilgesellschaftlichem Engagement, was für die Entwicklung resilienter Gemeinschaften entscheidend ist.

Tragfähigkeit der Finanzierung

Priewe (2023) und Quinn (1980) bringen wirtschaftliche Perspektiven ein, indem sie sich mit der Tragfähigkeit öffentlicher Schulden und Strategien für Veränderung beschäftigen, was in Zeiten demografischer Verschiebungen besonders relevant ist. Radermacher und Beyers (2008) sowie Rawls (2003) erweitern den Diskurs um ethische und zukunftsorientierte Überlegungen zur globalen Gerechtigkeit und nachhaltigen Entwicklung. Diese facettenreiche Zusammenstellung von Forschungsarbeiten zeigt, dass der demografische Wandel als Querschnittsthema nahezu alle Bereiche des gesellschaftlichen Lebens betrifft. Es wird deutlich, dass eine interdisziplinäre Herangehensweise notwendig ist, um die komplexen Herausforderungen zu verstehen und effektive Lösungsstrategien zu entwickeln. Dabei spielen sowohl die Anpassungsfähigkeit der Gesellschaft und Wirtschaft als auch die Gestaltung der politischen Rahmenbedingungen eine zentrale Rolle.

Die Politik tut sich schwer, diese Herausforderungen anzunehmen. Es hilft aber nichts, den Kopf in den Sand zu stecken. Die Probleme werden nicht vorbeigehen, sondern immer stärker zu Tage treten.

Heureka-Momente im demografischen Wandel

Man kann Heureka-Momente nicht programmieren. Sie kommen plötzlich. Einen demografischen Heureka-Moment habe ich 2004 erlebt. Birgs angebliche Killer-Phrase »Die Deutschen sterben aus« (Birg 2000) aus dem Jahr 2000 war als Boulevard-Unfug entlarvt. Die Bertelsmann-Stiftung mühte sich, das sperrige Thema unter die Kommunen zu bringen, aber die Begeisterung hielt sich in Grenzen. Demografie ist nicht sexy (König 2011). Bürgermeister und Gemeinderäte lieben Spatenstiche, Neubaugebiete, Grundsteinlegungen, Einweihungen. Demografie aber heißt im Extremfall Ruine, Abriss, Verfall.

Es war ein Frühlingstag, als eine Studierende des Fachbereichs Architektur und Raumplanung um Erlaubnis fragte, zu den Haus-Leerständen in der saarländischen Gemeinde Illingen zu recherchieren, um eine Diplomarbeit zu schreiben. Sie wollte mein Plazet als Bürgermeister.

Natürlich durfte sie recherchieren. »Aber Sie werden mit diesen Daten keine Diplomarbeit schreiben«, sagte ich voraus. »Es gibt praktisch keine leerstehenden Häuser in unserer Gemeinde«. Sie meinte nur: »Lassen Sie mich erst einmal recherchieren.«

Sie schrieb dann eine exzellente Diplomarbeit zu einem Thema, das bis dato im Saarland nicht aufgearbeitet worden war. Über Geschäftsleerstände war schon länger debattiert worden, wird noch immer diskutiert, nicht aber über verwaiste Einfamilienhäuser. Es gab tatsächlich in der (damals noch) 18.000-Einwohner-Gemeinde 80 leerstehende Häuser, die niemandem aufgefallen waren. Wir – Gemeindeverwaltung und Politik – waren von einzelnen Leerständen ausgegangen, nicht aber von so vielen.

»Houston, wir haben ein Problem«, schrieb ich meinen Fachbereichsleiterinnen und Fachbereichsleitern.

Wir schauten nun genauer hin und stellten fest, dass dort, wo die Leerstände sich ballten, Quartierprobleme entstanden. Es war ein verschwiegenes und beschwiegenes Problem. Kommunalpolitiker reden gern von Neubaugebieten und von großen Projekten, von Wachstum und Zukunft, von Mut und Zuversicht und den Schokoladenseiten einer Kommune. Die Hinterhöfe aber, die Problemzonen, die Ärgernisse verschweigt man lieber. Die Opposition mag lästigerweise im Stadt- oder Gemeinderat den Finger in die Wunde legen, aber in einer Konsensgesellschaft erwarten am Ende doch alle, dass sich die Probleme »auswachsen« und von selbst erledigen. Das tun sie aber nicht.

Mittlerweile wissen wir, dass der demografische Wandel sich nicht auswächst oder von selbst verschwindet. Er bleibt ein schwieriger und lästiger Begleiter. Das ist für kommunale

Wahlbeamte kritisch. Wer als Bürgermeister direkt gewählt wurde, will bei der nächsten Wahl mit Erfolgen, Zuwächsen, Zukunftsperspektiven glänzen. »Unser Ort, unsere Stadt soll schöner, größer, besser werden.«

Meine Wiederwahl stand bevor. Das gesellschaftliche Klima 2004 war belastet. Hunderttausende Menschen demonstrierten in deutschen Großstädten gegen die Hartz-IV-Reformen der Schröder-Regierung. Politik machte gerade wenig Freude. Just in dieser Situation empfahlen mir die Top-Berater meiner Verwaltung, Leerstände und Schrumpfung und überhaupt den demografischen Wandel zum landespolitischen Innovations-Thema zu machen. Illingen sollte Vorreiter-Kommune werden. Unterstützt wurden sie vom einheimischen Büro Kernplan, das die Erkenntnisse in aussagekräftige Karten umsetzte. Ich hätte bei meiner ersten Wahl Mut versprochen, nun sollte ich den auch beweisen.

Ich fragte meine besten Mitarbeiterinnen und Mitarbeiter, ob ihnen klar sei, was sie da forderten. Sollte ich vor meiner Wiederwahl tatsächlich Schrumpfung und Leerstände kommunizieren? Es wäre ein Eingeständnis meines Scheiterns. Deshalb weigerte ich mich zunächst. Zwei Wochen lief das so – unproduktiv und stressig.

Einer blieb besonders hartnäckig: Mein persönlicher Referent, Umwelt und Wirtschaftsbeauftragter und Projektsteuerer Ludger Wolf, ein ebenso treuer wie innovativer Mitstreiter. Ich solle meine Frau fragen, meinte er. Auf deren

Weitblick setze er.Sie zu fragen, war ein Glücksfall. »Sag den Leuten die Wahrheit. Sie werden dich wählen«, sagte sie. »Sie vertrauen dir. Und wenn nicht, dann hat diese Gemeinde dich nicht verdient als Bürgermeister.«

Es war der Schlüssel für eine der spannendsten Kampagnen meiner langen 27jährigen Amtszeit. Wir mussten die saarländische Landesregierung überzeugen und ins Boot nehmen. 80 Leerstände waren nicht das einzige Problem. Wir stellten fest, dass in über 500 der etwa 8000 Wohnhäuser nur ein oder zwei Menschen über 70 Jahre wohnten. Das waren die potenziellen Leerstände von morgen und übermorgen, denn viele dieser kleinen Nachkriegs-Einfamilienhäuser waren nicht mehr zeitgemäß. Sie würden schwer zu vermarkten sein. Da sie in den Ortskernen und nicht in den Neubaugebieten der 1960er und 1980er Jahre lagen, war im Kern eine potenzielle Ballung von Missständen zu erwarten.

Während Kernplan diese Problemzonen kartierte, arbeiteten wir in der Verwaltung intensiv an der Erarbeitung einer ortsteilscharfen Datenbasis. Die gab es nicht. Das Problem ist bis heute virulent, weil die statistischen Ämter zwar gemeindebezogene Daten erheben, nicht aber Mikrodaten. Nach vier Wochen waren wir soweit, der Staatskanzlei von Ministerpräsident Peter Müller einen Besuch abzustatten. Wir waren bereit, ein negativ klingendes Mega-Thema mutig zu vermarkten, wollten dafür aber politische Unterstützung und Fördergelder.

Peter Müller, sein Staatskanzleichef Karl Rauber und Umweltmi-
nister Stefan Mörsdorf hörten sich den Vortrag an und blieben zunächst skeptisch: den Schuh wollten sie sich nicht anziehen. Noch
nicht. Aber für eine Pilotkampagne würden sie Geld bereitstellen.
Der CDU-Umweltminister war dann doch bereit, aus der Idee eine
Demografie-Kampagne gegen Leerstand und Flächenverbrauch zu
machen.

Damit bewies Stefan Mörsdorf, der wohl beste Umwelt-
minister, den das Saarland bisher hatte, Weitblick. Ich kann
dies sehr neutral beurteilen, da ich mich nach 47 Jahren
von dieser Partei losgesagt habe und heute parteifrei ohne
Rücksicht auf politische Vorgaben und Programme argu-
mentieren kann. Die CDU als Partei hat das Problem Demografie allerdings bis heute nicht verstanden und nicht akzeptiert. Sie zettelt noch immer Kleinkriege an, um in Zeiten der
saarländischen Schrumpfung große Neubaugebiete auf der
grünen Wiese möglich zu machen. Das wäre ein Anachro-
nismus. Aber der Merz-Rollback zeigt sich bekanntlich nicht
nur beim demografischen Wandel. Überall, wo es um Klima,
Auto, Versiegelung und Nachhaltigkeit geht, haben die Füh-
rungskräfte der Union ein Problem. Ich nicht mehr.

Für Illingen aber war dies der Start eines Projekts, das
uns bis heute begleitet: Illingen 2030. Wir hängten Plaka-
te und Transparente an Schrotthäuser, um zu signalisieren:
Hier wird abgerissen. »Platz da!« hieß das Motto. Oder auch:

»Ich bin als nächstes Haus dran.« Die Kampagne lief landesweit in Radio, Fernsehen und Zeitung. Mitstreiter fanden wir nur wenige. »Du spielst mit deiner Wiederwahl«, unkten Freunde. »Die Wahrheit ist den Leuten zumutbar - Ingeborg Bachmann«, meinte ich.

Die Regierung Müller hielt ihr Versprechen. Und wir begannen mit einer beispiellosen Partizipationskampagne, um Menschen von den Realitäten des demografischen Wandels zu überzeugen. Wir schockten die Hausbesitzer, gaben ihnen aber auch Lösungsmöglichkeiten an die Hand.

Als besondes ignorant erwiesen sich Immobilienmakler und klassische Projektentwickler. Insbesondere die PPP-Beton-Planer, die leider vielen Stadt- und Gemeinderäten ihre hässlichen Flugzeugträger-Projekte aufschwatzten und ihren abschreckenden Stempel aufdrückten, wollten unser Nein zu Neubaugebieten und XXL-Märkten auf der grünen Wiese nicht akzeptieren. Wir würden schon merken, dass andere bald an uns vorbeiziehen.

Das traf zunächst zu. Doch in den 2010er Jahren drehte sich der Wind. Immer mehr Kommunen leiden jetzt unter verödeten Ortskernen. Wir setzten mit Hilfe des Österreichers Roland Gruber (nonconform architektur und planung) auf eine Revitalisierung der Kerne – und einen Stopp der Bebauung im Außenbereich. Heute wissen wir: Das war eine goldrichtige Entscheidung. Wir sind nun Gewinner. Fußläufigkeit und ÖPNV-Anbindung mittendrin, Vollsortimenter im Zentrum, daneben Ärzte und Physios – und Kultur und Vergnügen: das zieht.

Wir haben auf kurzfristig unpopuläre Entscheidungen gesetzt, um langfristig zu gewinnen. Der Erfolg gibt uns Recht. In 27 Jahren wurden rund 100 Millionen Euro in der eher kleinen Gemeinde investiert. Wir waren keineswegs genial innovativ. Im Gegenteil: Auch wir blieben eigentlich total normal. Das war ja das Geheimnis des Erfolgs: keine Schicki-Micki-Bauten, aber vernetzte Gesamtlösungen. Manches hätte ich mir – mit Verlaub - »geiler« gewünscht, kunstvoller, städtischer. Aber es hätte nicht zu uns gepasst. So war unser Weg der behutsamen Neugestaltung der Mitte optimal.

Ich hielt die ersten Vorträge, bis Prof. Hermann Hill von der Deutschen Universität für Verwaltungswissenschaften (- damals noch »Hochschule« genannt –) eine Promotion anregte. So bin ich Doktorand geworden, habe nicht nur Verwaltungswissenschaft, sondern auch BWL und Soziologie studiert, was ein Glücksfall war. Dabei bin ich auf Benjamin Barber gestoßen, der in Partizipation »starke Demokratie« sieht. Ich habe Bourdieu und das Sozialkapital entdeckt, Habermas und Manuel Castells zu meinen Kommunikationspäpsten erhoben und unzählige Debatten geführt und Vorträge in der ganzen Republik gehalten. Und promoviert wurde ich auch: Zu »Bürger und Demographie«.

Man hat mir bei meinen Vorträgen meist zugestimmt. Nur die Sache mit den Neubaugebieten auf der grünen Wiese, die wollten Politiker nicht akzeptieren - von wenigen Ausnahmen abgesehen. Ich war in 27 Jahren nicht nur Demografieprophet, sondern auch Verbandsvorsteher zweier gesamtstaatlich repräsentativer Naturschutzgroßprojekte: Illrenaturierung in einem dicht besiedelten Gebiet und Landschaft der Industriekultur Nord in einer alten Kohle-und Stahlregion. Ich habe die Macht des Wassers schon früh schätzen und fürchten gelernt. Starkregenereignisse sind über uns gekommen und haben uns in unserer Ansicht bestätigt, nicht noch mehr Flächen zu versiegeln. Das war ein Glücksfall. Nun sind wir immerhin schon fast ein Dutzend Kommunen, die auf dieser Basis kooperieren.

Man muss die Bretter wirklich lange bohren. Es müssen ja keine 27 Jahre sein.

Versagt hat in dieser Zeit die Parteipolitik, versagt hat die Wirtschaft, versagt haben die Sozial- und Tarifpartner. All die ungelösten Probleme werden in den nächsten zwanzig Jahren geballt auftreten. Natürlich sind sie lösbar. Man muss aber die Realitäten anerkennen.

Viele haben uns auf unserem Weg unterstützt. Ich persönlich danke den Landesregierungen Müller und Kramp-Karrenbauer, Ministerinnen und Ministern, meinen tollen Mitstreiterinnen und Mitstreitern in der Verwaltung, den

Ortsvorstehern und Gemeinderäten, Hugo Kern, Sarah End, Roland Gruber und seinem Team. Und vor allem meiner Frau, die dies alles mitgemacht hat.

Ich werde dafür werben, den demografischen Wandel anzunehmen und Strategien zu entwickeln. Der Trend ist da. Seine mathematischen Gesetzmäßigkeiten sind nicht auszuhebeln. Es macht keinen Sinn, mit Macht dagegen anzukämpfen. Wichtig ist, neue Wege, neue Strategien, neue Leitlinien zu entwickeln.

Es lohnt sich. Wo eine Tür sich schließt, öffnet sich eine neue.

Peter Sloterdijk hat einen wunderbaren Satz geschrieben: »Das aufrührerische Korn denkt, es verändert die Mühle, wenn es sich von ihr zermahlen lässt.« (Sloterdijk 2012, 184). Daran muss ich denken, wenn Politiker partout nicht akzeptieren wollen, dass es den demografischen Wandel gibt und dass man ihn annehmen muss. Die Wahrheit ist den Menschen zumutbar (Bachmann), auch der Politik.

Illingen, April 2024

Literatur

Adenauer, Sibylle et al. (2015): Handlungsfeld «Personalpolitik und Personalstrategie realisieren» - in: Leistungsfähigkeit im Betrieb. Kompendium für den Betriebspraktiker zur Bewältigung des demografischen Wandels. S. 219-336.

Baas, Timo (2017): Fachkräftezuwanderung im rAhmen der EU-Binnenmobilität. In: Bertelsmann Stiftung (Hg): Faire Fachkräftezuwanderung nach Deutschland: Grundlagen und Handlungsbedarf im Kontext eines Einwanderungsgesetzes. Gütersloh.

Bertelsmann Stiftung (Hg.)(2017): Faire Fachkräftezuwanderung nach Deutschland: Grundlagen und Handlungsbedarf im Kontext eines Einwanderungsgesetzes. Gütersloh.

Bödeker, Wolfgang / Barthelmes, Ina (2011): Arbeitsbedingte Gesundheitsgefahren und Berufe mit hoher Krankheitslast in Deutschland. Synopse des wissenschaftlichen Kenntnisstandes und ergänzende Datenanalysen . Initiative Gesundheit und Arbeit, iga-Report 22.

Brandt, Arno / Brunken, Kerstin et al. (2010): Fachkräftemangel und demografischer Wandel bis 2020. Gutachten im Auftrag der Region Hannover. Teil II: Handlungsansätze für kleine und mittlere Unternehmen in der wissensintensiven Wirtschaft in der Region Hannover. Im Auftrag der Region Hannover. Hannover und Halle: NordLB Regionalwirtschaft.

Brücker, Herbert et al. (2014): Neue Muster der Migration. IAB-Kurzbericht 21:3-12. (DIW-Wochenbericht 43:1126–1135).

Brücker, Herbert / Trübswetter, Parvati (2007): Do the best go West? An analysis of the self-selection of employed East-West migrants in Germany. Empirica 34:371–395.

Brücker, Herbert / Kroh, Martin et al. (2014): The new IAB-SOEP migration sample: An introduction into the methodology and the contents. SOEP Survey Papers, Series C, 216.

Brussig, Martin (2016): Demografischer Wandel, Alterung und Arbeitsmarkt in Deutschland. In: Hank/Kreyenfeld: Social Demography Forschung an der Schnittstelle von Soziologie und Demografie. S. 295-324.

Deller, Jürgen et al. (eds)(2008): Personalmanagement im demografischen Wandel. Ein Handbuch für den Veränderungsprozess mit Toolbox Demografiemanagement und Altersstrukturanalyse. Wiesbaden: Springer.

Deller, Jürgen /Kolb, Peter (2010): Herausforderung Demografie und Wandel der Arbeitsgesellschaft. In: Angewandte Psychologie für das Human Resource Management : Konzepte und Instrumente für ein wirkungsvolles Personalmanagement; mit 35 Tabellen. - Berlin [u.a.] : Springer, S. 421-433.

DIHK (2020): Fachkräftesuche bleibt Herausforderung. DIHK-Report Fachkräfte 2020. Berlin, Brüssel: DIHK.

Eberhardt, Daniela (2018): Generationen zusammen führen – inkl. Arbeitshilfen online: Mit Millennials, Generation X und Babyboomern die Arbeitswelt gestalten.

Fraser, Nancy (2023): Der Allesfresser. Wie der Kapitalismus seine eigenen Grundlagen verschlingt. Berlin: edition suhrkamp.

Friese, Marianne; Braches-Chyrek, Rita (Hg.) (2023): Care Work in der gesellschaftlichen Transformation. Beschäftigung, Bildung, Fachdidaktik (1. Aufl.). Bielefeld: wbv Publikation. https://doi.org/10.3278/9783763973200

Fuchs, Johann (2013): Demografie und Fachkräftemangel. Die künftigen arbeitsmarktpolitischen Herausforderungen. In: Bundesgesundheitsblatt, Gesundheitsforschung, Gesundheitsschutz, Jg. 56, H. 3, S. 399-405.

Fuchs, Johann / Kubis, Alexander (2017): Demographie und Fachkräftemangel: Warum Deutschland qualifizierte Zuwanderer braucht. In: Bertelsmann Stiftung (Hg): Faire Fachkräftezuwanderung nach Deutschland: Grundlagen und Handlungsbedarf im Kontext eines Einwanderungsgesetzes. Gütersloh. S. 27-44.

Fuchs, Johann / Kubis, Alexander / Schneider, Lutz (2018): Die deutsche Wirtschaft braucht künftig mehr Fachkräfte aus Drittstaaten. In: IAB-Forum, 17.05.2018, o. Sz.

Fuchs, Johann / Kubis, Alexander / Schneider, Lutz (2019): Zuwanderung und Digitalisierung. Wie viel Migration aus Drittstaaten benötigt der deutsche Arbeitsmarkt künftig? Gütersloh.

Garloff, Alfred/ Wapler, Rüdiger (2016): Labour shortages and replacement demand in Germany – The (non)-consequences of demographic change. (IAB-Discussion Paper, 05/2016), Nürnberg.

Gürtzgen, Nicole / Kubis, Alexander / Rebien, Martina (2017): IAB-Stellenerhebung: Geflüchtete kommen mehr und mehr am Arbeitsmarkt an. (IAB-Kurzbericht, 14/2017), Nürnberg, 8 S.

Heimann, Karsten (2014): «Demografischer Wandel setzt uns unter Druck". In: VDI Nachrichten 2014, Ausg. 22 v. 30.5. 2014.

Initiative Fachkräfte (o.J.): Der Demografische Wandel und der Fachkräftemangel – Eine besondere Herausforderung für Deutschland. http://www.inifa.de/demografischewandel/

König, Armin (2024): Das Rentenreform-Dilemma. Zwischen Gerechtigkeit und Demografie. Illingen: art & research südwest.

Koppel, Oliver/ Plünnecke, Axel (2010): Fachkräftemangel in Deutschland : bildungsökonomische Analyse, politische Handlungsempfehlungen, Wachstums- und Fiskaleffekte. Köln: DIW.

Lange, Joachim (Hg.) (2013): Was kann regionale Wirtschaftsförderung zur Fachkräftesicherung beitragen? : [Dokumentation einer Tagung der Evangelischen Akademie Loccum vom 6. bis 7. November 2012]. Rehburg-Loccum: Evangl. Akademie Loccum.

Offer, Bettina (2017): Verbesserungspotenzial der rechtlichen und verwaltungstechnischen Regelungen zur Zuwanderung nach Deutschland. In: Bertelsmann Stiftung (Hg.): Faire Fachkräftezuwanderung nach Deutschland: Grundlagen und Handlungsbedarf im Kontext eines Einwanderungsgesetzes. Gütersloh.

Peter Sloterdijk (2012): Zeilen und Tage. Notizen 2008–2011. Suhrkamp: Berlin.

Wappner, Britta (2020): Infografik: Die Integration Geflüchteter in den deutschen Arbeitsmarkt. EURACTIV v. 28.2.2020. https://www.euractiv.de/section/eu-innenpolitik/news/infografik-die-integration-gefluechteter-in-den-deutschen-arbeitsmarkt/?utm_source=EURACTIV&utm_campaign=d6e3717706-RSS_EMAIL_DE_AM_TaglicheNewsAusEuropa&utm_medium=email&utm_term=0_c59e2fd7a9-d6e3717706-114992203

Literaturwissen

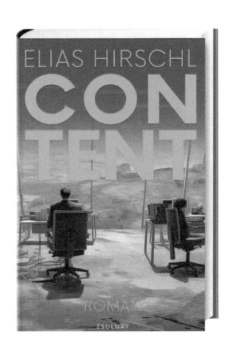

Elias Hirschl: Content

Für mich ist es einer der Top-Romane des Jahres.

Die Welt in der Region Staubloch – Ruhrgebiet - geht unter, doch bis dahin arbeitet die Ich-Erzählerin in diesem ziemlich überdrehten, stellenweise irrwitzigen Social-Media-Roman in der Content-Farm Smile Smile.

Das innovative, aber gescheiterte Schreib-Prekariat des Metaverse- und X-Zeitalters schreibt Listicles - also Listen über alles und jedes bis zum Irrsinn. Kolleginnen produzieren wahnwitzigen YouTube-Content. Motto: Geringster Aufwand, maximale Reichweite. Sie schreddern alte Nokia-Handys, lassen Obst und Gemüse und andere Objekte in Mikrowellen explodieren - und Schlimmeres. Hauptsache Reichweite. Die Content-Produzent:innen arbeiten in einer heruntergekommenen und nun für Startups hergerichteten Kokerei, derweil gegenüber ein Lieferando-Klon in einer hochsubventionierten und hoch kontaminierten Stahl- und Bergbau-Ruine expandiert. Das kann nur eine Zeitlang gut gehen, zumal es hier wie an der Ruhr oder im Saarland hoch kontaminiertes Erdreich, giftiges Grubenwasser, unbekannte Höhlen, Stollen und Strebe gibt, die wie immer für völlig ungefährlich erklärt werden.

Don't worry, be happy. Du musst nur Clicks produzieren in der Content-Farm, auch wenn sie deine Texte in kafkaesken

Contentfarm-Strukturen bis zur Unkenntlichkeit redigieren. Ob die Farm-Zentrale im Untertage-Keller, in Zypern sitzt oder von Russland gesponsert wird, weiß keiner so genau. Ist auch egal für die Protagonistinnen.

Alle wollen nur eins: Berühmt sein, anerkannt sein wie beispielsweise Jen Statsky oder Megan Amram die ihren Komikerinnen-Kultstatus früheren Content-Produktionen in Social-Media-Kanälen verdanken.

Okay: Alle wollen ihre Firmen zu hoch profitablen Einhörnern pushen - aber mit Content, den niemand braucht und der auch keinerlei Gewinn abwirft - als habe es nicht die Dot-Com-Blase der 2000er Jahre gegeben. Andererseits: Zuckerberg und Musk haben's genauso praktiziert - auf Kosten und vor allem mit Daten und Content der Nutzerinnen und der Produzentinnen. Die sind irgendwann völlig am Ende - und doch selig.

Erst landet Karin in der Klapse, dann wird es für die Ich-Erzählerin metaphysisch. Ein Ransomware-Angriff und eine Umweltkatastrophe sorgen für ein dystopisches Setting, zumal die KI nun die Kontrolle übernimmt.

Mehr darf nicht verraten werden - kein Spoiler!

Eine Roman-Satire nennt Elias Hirschl sein Buch über die Generation ChatGPT, politisch, prophetisch, aber auch realistisch mit Anklängen an TrollFarmen in Nordmazedonien, Überwachung, Selbstausbeutung, Polit-Manipulation, Clickbaiting. So richtig lustig ist es nicht, von wegen Satire, aber schräg und unterhaltsam. Und brillant formuliert von einem großartigen österreichischen Poetry-Slammer.

Fazit

Dieser Roman gehört auf die Shortlist des Deutschen Buchpreises in Frankfurt. Buch des Monats war er beim ORF schon zweimal.

Armin König

Mein Leseexemplar:

Albrecht Selge, Silence

Albrecht Selge: Silence.

Stille – wo bist Du? In dieser lärmigen, schrillen, grellen Zeit? Ein Megathema hat sich Albrecht Selge für seinen Roman »Silence« ausgesucht.

Wo er auch hinkommt: Lärm der Zeit.

Ein Mann von 47 Jahren, der schlecht schläft und dem hunderttausende Gedanken durchs Hirn schwirren, lässt seinem Stream of Consciousness (Bewusstseins- und Gedankenstrom) freien Lauf.

Der Ich-Erzähler Albrecht steht vor dem Hauptbahnhof in Berlin und will zu einer August-Macke-Ausstellung nach Bonn fahren. Im Gepäck hat er »ein Buch, ein Wasserfläschchen, Noise-Cancelling-Kopfhörer und Ohropax«. Er muss noch warten, ihn nervt der Lärm einer Kehrmaschine der Berliner Stadtreinigung, so wie ihn zu Hause der Lärm der heranwachsenden drei Kinder zuweilen auf den Wecker geht. Und so sucht er wartend Stille im kaum bekannten Moabiter Gedächtnispark zwischen Hauptbahnhof und Motel One.

Mit Gedankenflügen in die Stille beginnt »Silence«, mit »Der Karthager«, mit »Nichts zu sagen«, mit »Durchatmen« und dem Strom der Assoziationen und Querbezüge durch Raum und Zeit, Dichtung und Musik.

»Was bleibt vom Gewesenen, wo wollen wir hin? In immer neuen Varianten und Anläufen umkreist „Silence" die einfachen und doch größten Fragen des Lebens. Der Erzähler sehnt sich nach der Schönheit der Stille und fürchtet sich vor dem Verstummen, vor dem Sturz ins endgültige Schweigen. Reisen führen ihn nach Bonn, Prag, Brüssel oder Teheran, zu einer Eremitin und ins eigene Innere, in magisch scheinende Vergangenheiten und in lustvolle Abgründe.«

So steht's im Klappentext.

Kritiker lieben das, was man an den positiven Rezensionen zu Silence ablesen kann. »Eine ›große Selbstbelauschung' von nahezu 'heiligem Ernst', schreibt Paul Jandl in der Neuen Zürcher Zeitung NZZ. Ein rührendes Nachdenken über Liebe, Tod und ähnlich gelagerte Themen entdeckt Gustav Seibt in der Süddeutschen.

Und ich? Bin ein bisschen hin- und hergerissen zwischen der Freude über einen exzellenten Schreiber und Erinnerung-Wecker einerseits und der Ratlosigkeit ob der Abschweifungen in einem handlungsarmen Setting. Was wichtig ist: Der Ich-Erzähler ist nicht der Autor, und die Frau des Erzählers ist nicht die Frau des Autors, und die drei Kinder des Erzählers sind nicht die zwei Kinder des Autors, die Fiktion unterscheidet sich von der Biografie des Autors, der einfach fantasieren und wunderbar formulieren kann und will und darf. Man muss immer wieder daran erinnern, weil autofiktionales Erzählen dazu verführt, Autor und Erzähler als eine Person zu sehen.

Ich treffe schon auf den ersten Seiten auf bekanntes Terrain. In meinen Erinnerungen sehe ich den »großglasigen Hauptstadtbahnhof«, den »Geschichtspark« Moabiter Zellengefängnis. Die taz schrieb: »Tritt man durch die Betonbögen und das eingemauerte Gelände, wird es plötzlich still. Es ist, als habe der Ort eine Umgebung genauso vergessen, wie sie ihn«.

Ich war dort, als ich im Motel One nebenan logierte. Also hat Selge auch seine und meine Erinnerungen geweckt.

Im Moabiter Gefängnis sperrten die Nazis politische Gefangene ein, unter anderem Albrecht Haushofer, dem hier eine Installation gewidmet ist. Die Zelle ist der letzte Rest des monströsen Nazi-Bunkers, neben den Mauern, hinter denen die Stille zu Hause ist.

Von Albrecht Haushofer schwirren die Gedanken Selges zu Marlen Haushofer, der Autorin der »Wand«, zu Franz Kafka, den ich im Studium rauf und runter gelesen habe, zu Vogelstimmen und Türkentauben. Und schließlich erfahren wir, dass die Frau des Erzählers, L. genannt, »eigentlich immer Lust hat«, und deshalb sei es »Auch gut, dass sie ihren verlässlichen St hat, einen sympathischen Menschen und funktionablen Liebhaber.)« Der Erzähler, der nicht der Autor persönlich ist, hat selbst auch eine Geliebte, derweil denke ich trotzdem an Max Frisch und Ingeborg Bachmann und den weltberühmten Satz: »Ich habe nicht mit dir gelebt als literarisches Material.« Davon, von diesem literarischen Material, gibt es ohnehin unendlich viel in diesem brillant formulierten Roman:

Wir hören vom Vater des Erzählers, Prof. Dr. Kurt-Victor Selge, den es tatsächlich gibt und der ein berühmter (Kirchen-)Musikwissenschaftler und Vorsitzender der Furtwängler-Gesellschaft war und nun wegen Demenz ins Pflegeheim gezogen ist und damit einer anderen Art von Stille umfangen wird. Wir werden zu Ludwig van Beethoven und dessen Taubheit geleitet bis wir bei John Cage landen. Sein revolutionäres Musikstück 4'33 ist das Ende der tönenden Musik.

4 Minuten 33 Sekunden Stille. Nur die Geräusche im Raum, wenn sie denn da sind. Die Geräusche. Ansonsten: Stille aus dem und im Instrument.

Das war – neben den vielen Bekannten aus Literatur, Musik und Kunst, für mich das Schönste und Wichtigste, was ich in diesem großartigen formulierten, aber ziemlich handlungsarmen Roman gelernt habe:

Dass ich John Cage und sein 4'33 für mich entdeckt habe.

Und die Faszination der Stille. Die ist wirklich wunderbar.

Stille – wo bist du? Ich bin allhier....

Diese 4'33 möchte ich gern mal in einem saarländischen Konzertsaal zelebrieren. Auf einem Blüthner-Flügel. Den der Roman-Autor spielt. Und als Bühnenbild Bücherregale der

Vergangenheit mit Enzyklopädien, die kein Mensch mehr im Schrank haben will. Nicht einmal als Deko für Belesenheit und bürgerliches Kulturbewusstsein. Wobei ich schon gern Kindlers Literatur-Lexikon im Schrank stehen hätte, das die Kinder dann entsorgen müssen. So habe auch ich meine Assoziationen, die allmählich wieder verblassen.

Was bleibt, ist Stille.

Silence.

4'33 Stille. Eine Unendlichkeit.

Was für eine Entdeckung.

Und die Roman-Stille.

173 Seiten lang.

Meine Wertung: Hervorragend geeignet für meditative Stille suchende, online-abhängige Menschen in Stress-Situationen. Auch für Musik- und Literaturkenner, die sich über Zitate und Anspielungen freuen. Man kann ganz viele Credit-Points dabei sammeln fürs Allgemeinwissen. Und abschalten. Wer Handlung und Action sucht, ist allerdings hier fehl am Platze.

P.S.: »Lärm der Zeit«, der Begriff aus dem dritten Satz meiner Rezension, ist übrigens der Titel eines wunderbaren, großartigen Musiker-Romans von Julian Barnes über Dmitri Schostakowitsch, der mich sehr berührt und bewegt hat. Aber das ist wieder eine andere Geschichte, bei der es um russische Geschichte, Verfolgung, Jagd auf einen nicht angepassten Musiker und Komponisten, um Diktatur und Kreativität geht. Unbedingt lesenswert.

Anmerkungen zum Autor:

Albrecht Selge, geboren 1975 in Heidelberg, studierte Germanistik und Philosophie und lebt als freier Autor mit seiner Frau und zwei Kindern in Berlin.

Dr. Armin König

4,3,2,1.... Paul Auster ist tot,

»Baumgartner« ist gegangen

Zum Tod des weltberühmten Erzählers

Einer der ganz Großen der Weltliteratur ist tot: Paul Auster. Er war ein grandioser Erzähler.

Wie er in „4,3,2,1" durch die jüngere US-Geschichte pflügte, dabei vier Varianten eines Boy-Lebens (je nachdem, in welche Schicht er geboren wurde) als „Versuch" durchdeklinierte, das war ganz großes Kino. Und dem Kino gehörte ja auch seine Leidenschaft. So wie 4,3,2,1 auch ein Stück seiner eigenen fiktionalisierten Existenz mit allen Brüchen, Zufällen, Höhen und Tiefen war.

Seit ich „Das Buch der Illusionen" gelesen habe, wo es um einen verschollenen Stummfilmregisseur und viele Zufälle geht, war ich Paul-Auster-Fan. Wie er uns auf Fährten führte, in Sackgassen, uns wie ein Illusionist verzauberte, um dann mit Tempo und Wucht zur Schlusspointe zu kommen, die uns alle überraschte – das war großartig.

Ich habe seinen Stil bewundert: Ob er knallhart kurz im Hemingway-Stil schrieb oder Satzgirlanden baute, die faszinierten und nicht hätten kürzer sein dürfen: Er machte

Meine Paul-Auster-Sammlung

es mit Perfektion. Jeden Tag schrieb er nur eine Seite. Die musste top sein.

»Hinter Austers Büchern«, so Jörg Magenau in der FAZ, steht die Annahme, »dass man ein Leben nur genau genug betrachten muss, um geheime Muster auch da zu entdecken, wo bloß Chaos zu herrschen scheint«.

Ich gebe zu, dass ich in »4,3,2,1« jeden Tag ein paar Seiten lese. Immer noch und immer wieder – wegen der vielen großartigen Sätze, der Beschreibungen, der Szenarien, der Stimmungen. Das ist epochal.

Sein letztes Buch „Baumgartner" hat mich am meisten berührt.

Ein Vermächtnis im eigentlichen Sinn war es nicht, eher ein kurzer, leiser Abschied mit Baumgartner als »Alter Ego«.

Hach, man konnte, wenn man die Biografie kannte, schon ahnen, dass er damit ein kleines Testament geschrieben hatte. Seine Frau Siri Hustved hatte im letzten Jahr schon Hinweise gegeben. Nun ist Paul Auster im Alter von 77 Jahren an den Folgen einer Krebserkrankung gestorben.

Auster war einer der beliebtesten Schriftsteller seiner Generation. Berühmt wurde er unter anderem mit der»"New-York-Trilogie«, »Mr. Vertigo«, zuletzt mit dem schon großen Epos »4,3,2,1« und dem weisen Altersbuch »Baumgartner«.

tagessschau.de schrieb dazu:

»Baumgartner" erschien vergangenen November in den USA. Darin geht es um einen Witwer, der um seine Frau trauert. Austers Ehefrau Hustvedt nennt es ein „kleines zartes und wundervolles Buch".Nach seiner Krebsdiagnose unterzog Auster sich einer Reihe von Behandlungen, wie er zur Veröffentlichung von „Baumgartner" dem Guardian erzählte. „Ich habe das Gefühl, dass mein Gesundheitszustand so prekär ist, dass dies das Letzte sein könnte, was ich jemals schreibe." Doch wenn dies das Ende sei, dann habe es sich gelohnt - er gehe umgeben von „menschlicher Freundlichkeit" in seinem Freundeskreis.«

Auster gehörte zu denen, die immer mal als Anwärter für den Nobelpreis genannt wurden, ihn aber nie bekamen, obwohl sie ihn verdient hätten. Nachdem er der Nobelpreisjury 2014 antiamerikanische Tendenzen vorgeworfen hatte, hatte er ohnehin keine Chancen mehr darauf.

Über Donald Trump schrieb Auster: »Ich ertrage den Mann nicht. Er hat ein Vokabular von 16 Wörtern, sagt jeden Satz doppelt und jeder ist gelogen. Ich nenne ihn Nummer 45 oder Monster.« Und weiter: »Nummer 45 ist immer noch zwei Jahre alt, in Windeln, den Löffel gegen den Hochstuhl hämmernd.« Klare Ansage! Das hat Auster auch in Interviews gesagt. Und zum ideologischen Hintergrund Trumps meinte er, es gebe nur zwei republikanische Dogmen: »Sie wollen, dass die Regierung eine Armee hat, um das Land zu verteidigen – und Schluss. Ansonsten: ungebremster Kapitalismus. Das ist ihr bitterer Ernst.«

Das ist die Wahrheit.

Lieber Paul Auster:

Du warst für mich immer ein inspirierender Autor und ein großartiger freier Geist.

Wir werden Dich vermissen.

Wir hätten gern noch ein paar kluge, spannendem inspirierende Romane, Erzählungen, Essays und Interviews von Dir gelesen. Du hast uns bereichert.

Ruhe in Frieden.

Armin König

Hettche will alles

Sinkende Sterne: ein Mix aus Sintflut, Klimakatastrophe, Lebenskrise, Alpenmythen, Philosophie, Genderkritik und Erotik

Von Armin König

Eine Naturkatastrophe im Wallis, eine Sintflut mit Untergang eines ganzen Tals in Zeiten der Klimakatastrophe, eine Regression des eidgenössischen Dorfes Leuk ins archaisch-faschistisch-machtpolitische Kleinklein, Fremdenfeindlichkeit, martialische Grenzkontrollen, Kultur-, Wissenschafts- und Gender-Kritik, eine veritable männliche Sinn- und Lebenskrise, Künstlergeschichte eines einsamen Autors, zarter Liebesroman, grandioses Alpenpanorama, Phantastik und Schattengeister, Archäologie der Erinnerungen: Das ist das fulminante Setting des neuen Romans von Thomas Hettche: »Sinkende Sterne«. Die Kritiker haben gejubelt – bis auf einige wenige.

Darf man den Autor und die ihn lobenden Kritiker trotzdem hart kritisieren? Wo es doch um existenzielle Fragen unserer Zeit geht, in der Grenzziehungen, Abschottungen, Fremdenfeindlichkeit, Diversität, Religionskritik, Männerschwäche, Identität, faschistische Machtfantasien die Schlagzeilen beherrschen. Man darf.

Hat Hettche denn nicht alles aufgenommen, was derzeit am Wegesrand der Tagespolitik zu finden ist? Das hat er. Aber genau das ist das Problem: Die Überladenheit, die Überfrachtung, die fehlende Tiefe. Alles und nichts kommt vor. Es ist eine Art philologisch-philosophischer Druckbetankung mit In-Themen, letzten Sinn-Fragen und erotisierender Sehnsucht. Es soll klug und massentauglich daherkommen – im bequemen Häppchenstil erzählt.

Cui bono? Wem nutzt dies?

Am Schluss des Romans, der nahezu fragmentarisch im Offenen endet, bleibt vielfach Ratlosigkeit der Leserinnen und Leser. Die Erfahrenen unter ihnen posten dies auch in Literaturzirkeln.

Kritisch darf man die Kritikerinnen und Kritiker fragen, ob sie den Roman denn tatsächlich zu Ende gelesen haben oder ob sie pars pro toto die spannendsten Teilstücke ausgewählt haben, um darauf ihr Urteil fürs Ganze zu begründen. Nehmen wir an, dass es nicht so war. Es ist dann trotzdem legitim, zur herrschenden Kritikermeinung ein abweichendes Urteil vorzulegen. Es wäre ja nicht das erste Mal, dass sich einer gegen alle stellt.

Einer gegen alle – Der Dichter und sein Henker

„Der Dichter – und sein Henker", so hat die Süddeutsche Zeitung ihre Buchkritik zum Roman Woraus wir gemacht sind in Anlehnung an Friedrich Dürrenmatts Richter und sein Henker überschrieben. Der prominente Dichter ist Thomas Hettche, der prominente »Henker« ist der SZ-Kritiker Thomas Steinfeld. Die Kritik, die man böse nennen kann, ebenso wie den Titel der Kritik, beginnt mit den Worten:

»Alle Kritiker beugen ehrfürchtig die Knie vor Thomas Hettches neuem Buch ›Woraus wir gemacht sind‹. Alle Kritiker? Nein. Einer nicht. Unserer.« 2010 war das. Hettche stand gerade auf dem ersten Platz der SWR-Bestenliste, ausgewählt von »zweiunddreißig der bekanntesten deutschen Literaturkritiker« Deutschlands, für die es »das beste literarische Werk dieses Monats« September 2010 war.

Die Jury des Deutschen Buchpreises hatte den Roman in ihre Shortlist aufgenommen. Für sie gehörte »Woraus wir gemacht sind« nach den Regeln des Preises »zu den sechs besten Büchern der jüngsten Zeit«.

Steinfeld war überhaupt nicht einverstanden mit dem Votum seiner Kolleginnen und Kollegen. »Kann es sein, dass sich so viele tüchtige Menschen irren?« fragte der ebenso tüchtige SZ-Kritiker. Seine Antwort: Ja. Er kritisiert schiefe Metaphern, schlechtsitzende Sätze, Kpaitsch, den Versuch,

»die Metapher als Knalleffekt benutzen zu können« und prä-
zisiert dies auch:

> *»Wenn Thomas Hettche nur beschreibt, eine Landschaft, ein*
> *Auto, ein Pferd im Regen, wenn er sich ganz seinen Gegen-*
> *ständen überlässt, ist er anschaulich, lebendig, präzis. Leider*
> *geschieht das selten. Eine Gier sitzt ihm im Nacken, ein fata-*
> *ler Ehrgeiz, es nicht bei einer angemessenen Beschreibung*
> *bewenden zu lassen, sondern sie - und sich selbst - in einem*
> *fort übertreffen zu wollen [...].« (Steinfeld 2010)*

Und nicht nur das: »

> *Das alles aber ließe sich ertragen, wenn es nur um die paar*
> *Stunden trivialer Unterhaltung ginge. Doch dieses Buch will*
> *nicht nur sprachlich, sondern auch konzeptionell anspruchs-*
> *voll sein, es will auch intellektuell überzeugen.«*

Steinfeld kritisiert die »Versatzstücke und Erkennungs-
marken« für den »Kreis der Bescheidwisser und Erfahrenen«,
die so typisch für die Internet-Google-Twitter-X-Generation
sind. Der Verriss wird aber noch härter, wenn der Kritiker bei
Hettche die Mischung aus Philosophie, Erotik und Metaphy-
sik aufs Korn nimmt:

> *»Immer, wenn es spannend werden soll, versteigt sich Tho-*
> *mas Hettche in metaphysische Gemeinplätze, in einen sau-*
> *ren, poststrukturalistischen Kitsch, der sich seine Inspiration*
> *bei Michel Foucault abgeholt hat, in der längst bis an den*
> *Grund der Peinlichkeit zerredeten Metapher vom Menschen,*
> *der hinweggspült wird wie ein Gesicht im Sand.«*

Im neuen Roman »Sinkende Sterne« ist es nicht der Sand,
sondern das Wasser des neuen Sees, der durch die Sintflut

und den Bergrutsch im Rhonetal entstanden ist. Steinfelds gnadenlose Einschätzung:

> *»Thomas Hettche unternimmt in diesem Buch - nicht zum ersten Mal übrigens - den Versuch, intellektuell und trivial zugleich zu sein, mit dem ganzen großen Anspruch eines deutschen Schriftstellers in die Welt der Unterhaltungsliteratur vorzudringen.*
>
> *Er will den Erfolg, er will ein richtiger Dichter sein, der die Massen betört. Es wird dieses Motiv sein, das die Kritik an ihm schätzt: dass es da einen gibt, der den Sprung hinaus tun will, hinaus aus dem Ernsten und Schwierigen in das Leichte und Beliebte, aber so, dass er doch den seriösen Charakter nicht ganz verliert. An der Überzogenheit dieser Anstrengung zum Tiefsinn aber geht das Buch zugrunde.«*

Was dieser brutale Verriss mit Hettches neuem Roman »Sinkende Sterne« zu tun hat? Alles. Wieder haben viele Kritiker den Roman gelobt – von Hubert Winkels (SZ) über Cornelia Geißler (FR) bis Philipp Theison (FAZ), Roman Bucheli (NZZ) und Dennis Scheck (ARD). Nur Angela Gutzeit (Deutschland) wagt es, den Hettche-Roman zum Schluss ermüdend zu finden. Und wieder kann man ähnliche Kritikpunkte anbringen wie Thomas Steinfeld 2010. Und auch das große Thema taucht ja wieder auf: Woraus wir gemacht sind. Und vielleicht auch: wie wir verschwinden – als sinkende Sterne. Seriöse Überzogenheit und kitschige Heimattümelei – ist das das neue Problem? Wir wollen dem populären Dichter nicht Unrecht tun.

Hettches Zitier- und Linkwut

Hat Hettche als etablierter Autor die Freiheit, an seinen Ambitionen zu scheitern? An seiner Belesenheit? An seiner Zitierwut? An seinen Links und Querverweisen? Darf er, was man jedem Debütanten, jeder Debütantin ankreiden würde: allzu ambitioniert alles und jedes in einen 208-Seiten-Roman packen, um am Schluss den Faden zu verlieren, den er in »Herzfaden« so brillant zusammengebunden hatte?

Hettche will alles: Sein Ausgangspunkt ist einerseits die Sintflut der Bibel (Noah tauch als Noe auf), andererseits Homers Odyssee mit der Blendung des Polyphem und Bezirzung durch Kirke als Heldenreise. Das ist das Muster, aus dem große und kleine Romane gewebt sind. Auch Hollywood liebt die Heldenreise als Konstruktionsplan dramatischer Geschichten. Bald folgt der Link zu Dantes Göttlicher Komödie und zu den Geschichten aus tausendundeiner Nacht mit der um ihr Leben erzählenden Sherezad (Sheherezade). Seinem Schüler Dschamil, dem Einzigen, der ihm geblieben ist an der Uni, bevor er als Dozent »entsorgt« wird, legt der Ich-Erzähler Hettche die Sindbad-Erzählung ans Herz, um durch Lektüre und Umsetzung des Gelesenen in Literatur selbst zum Künstler zu werden. Odysseus Hettche selbst landet nach einem für ihn schrecklichen Vorladungs-Termin (er soll ausgewiesen, das Chalet seiner Eltern zwangsversteigert werden) beim neuen anachronistischen Faschisten im Wallis , dem Kastlan, der nach einer Umweltkatastrophe die Macht in einer abgeschiedenen Bergregion im Rhonetal übernommen hat.

Hettche findet seine Jugendliebe Marietta und deren bezaubernde Tochter Serafina wieder und lässt sich auf deren Märchen, Mythen und Dialekt-Erzählungen ein, hat Sex mit Marietta, geht mit ihr auf die Alpe, um Käse herzustellen, kehrt zurück in die karge, kalte Behausung seines verstorbenen Vaters. Hettche lässt einen Vater-Sohn-Komplex aufblitzen, eine unverarbeitete Schuld, weil er nicht zur Beerdigung seines Vaters ins Wallis gekommen ist. Zu den Ankerpunkten gehört die Serafina-Geschichte. Auf den ersten Blick ist es nur die Story einer unangepassten Tochter, die im Lebensmittelladen ihrer Mutter Marietta aushilft, merkwürdige Sätze spricht und Sagen des Wallis rezitieren kann. Auf den zweiten Blick verbergen sich hinter dem Namen Serafina andere Bedeutungen: Da sind die Serafinen der Göttlichen Komödie, die im Paradiso zu Hause sind, dem dritten Teil des bedeutenden Werkes. Die Engel spielen auch in den Duineser Elegien Rilkes eine Rolle, die dieser im Wallis fertiggestellt hat.

Es folgt ein furios-fantastisches Intermezzo bei einer schwarzen transsexuellen Bischöfin, die ihrer Soutane lüstern öffnet. Später landet Hettche an Rilkes Grab, dessen Lebensgeschichte ebenso angerissen wird wie die Duineser Elegien, die die Chateau-de-Muzot-Zeit Rilkes mit seiner Geliebten Balladine Klossowska und deren Sohn Balthus, um schließlich im allerletzten Abschnitt des Romans auch noch das Chalet Balthus, die Gräfin Setsuko und David Bowie ins Spiel zu bringen.

Es ist eine geradezu schwindelerregende Kopräsenz all der Figuren, die real und erfunden, mythisch und mystisch als Schatten und Wiedergänger durch den Roman fliegen, auftauchen und wieder unterzutauchen und im Heidegger-schen Sinne zu nichten. Manche tauchen nur kurz auf wie Sternschnuppen, um kurz darauf zu sinken und wieder zu verschwinden, andere haben wie in einem schnell geschnit-tenen Filmclip wiederkehrende Auftritte.

Der Vergleich kommt nicht von ungefähr. Hettches Män-ner- und Lebenskrisenroman (»Männer sind sinkende Ster-ne«) nimmt Anleihen bei der Film- und Seriengeschichte (Fritz Lang, Ich denke oft an Piroschka, Brigitte Bardot, Mi-chel Piccoli, Jean Luc Godard, Isabelle Huppert, Star Wars, The Sopranos) und zappt sich durch die Jahrzehnte. Philo-sophisch bezieht sich Hettche auf Thomas Hobbes, Nietz-sche, Jean-François Lyotard, den heiligen Michel »Saint Fou-cault«, und Judith Butler und auch Heidegger (Todtnauberg) und der unselige Nazi-Jurist Carl Schmitt tauchen kurz auf der Leinwand auf, was angesichts des Settings einer Natur-katastrophe mit der Regression des Walliser Tälchens zu einem faschistischen Retro-Fürstentum durchaus schlüssig ist.

Proust wäre zu nennen, Kafka, Virginia Wolfe, der Dichter Hettche, der sich selbst zitiert, die Buchrücken von Willi Heinrich, Heinz G. Konsalik, Cronin, Danella, Knef, Simmel, die allesamt im verlassenen Chalet der toten Eltern stehen sowie die neueren Bücher bei Dschamil: Colson Whitehead, Leila Slimani, David Foster Wallace, Fuad Rifka, Gottfried Benn, Cormac Mc Carthy, Wolfgang Herrndorf, Georg Büchner, Giuseppe Tomaso de Lampedusa. Schließlich fehlen noch die von Hettche nicht Genannten, die aber doch durch Querbezüge eine Rolle spielen: Esther Kinsky, Christian Kracht, Hermann Hesse, Thomas Mann...

Vor allem aber muss man Hettches großes Vorbild nennen, den Vorkämpfer des poetischen Realismus, der mit Stopfkuchen, Die Innerste, Das Odfeld gesellschaftskritische Romane und Erzählungen schrieb: Wilhelm Raabe.

Hettche war Wilhelm-Raabe-Preisträger. In seiner Preisrede stellte er die katastrophengeplagte Gegenwart in den Mittelpunkt. Die Außenseiter Hettche und Raabe fühlen sich verpflichtet, aus Krisen und Umbrüchen naturalistisch klingende literarische Projekte entstehen zu lassen, an denen sich die Zerstörungskraft der Natur, der Kultur und der Geschichte erkennen lässt (vgl. Moser 2016). Hettche und Raabe konstruieren utopische Erfahrungs- und Erinnerungsräume - im Sinne Foucaults Heterotopien.

Sind all diese Verweise, Querbezüge und Links nicht ein bisschen viel für einen Roman, den man wegen seines Um-

fangs und seiner Thematik auch eine Novelle nennen könnte? Er ist es ja auch – auf der Grundlage eines unerhörten,
einmaligen Ereignisses bei Heinrich von Kleists Erdbeben
von Chili.

Ja, es ist ein bisschen zu viel des Guten. Ein schöner Roman ist es trotzdem. Und viel Gutes ist ja auch unterhaltsam
und bildend.

Hettche ist ein Meister seines Fachs. Etwas weniger
erkennbare Konstruktion wäre aber durchaus leser*innen-
freundlicher.

Armin König

Thomas Hettche: Sinkende Sterne
Kiepenheuer&Witsch 2023
224 Seiten
ISBN: 978-3-462-05080-6

ARMIN KÖNIG

Mutiger Protest gegen radikale Populisten

Demokratische Wachsamkeit gegen Bedrohungen des Rechtsextremismus

art & research südwest

Proteste gegen Rechtsextremisten und der Hang erzkonservativer Kreise
zu deutschem Wesen, deutschen Werten, rechtspopulistischen Einstellungen

Vorwort zum Buch

»Mutiger Protest gegen radikale Populisten«

Wie viele andere Menschen in Deutschland war ich schockiert, als ich zu Beginn des Jahres 2024 die Berichte von »Correctiv« über das Radikalentreffen in Neu Fahrland bei Potsdam gelesen habe. Ich hätte mir nicht vorstellen können, dass es die Rechtsextremisten schaffen würden, sich in der Mitte der Gesellschaft einzunisten, eine solch große Resonanz zu finden und sich dabei vom deutschen Staat alimentieren zu lassen. Hätte mir vor Jahren jemand ein »Drehbuch Deutschland« mit diesem Inhalt geschickt, hätte ich es als unrealistisch zurückgewiesen. Heute ist es traurige und besorgniserregende Wirklichkeit.

Man kann sich die Realität nicht schönreden. Das hat die Politik viel zu lange gemacht. Es ist höchste Zeit, sich den Herausforderungen neu zu stellen und dabei auch eigene Fehler einzugestehen. Die »gesellschaftliche Mitte«, wenn es sie denn soziologisch-politisch überhaupt gibt, hat viele

Fehler gemacht: Sie hat das Politische den Politikern überlassen und es sich damit bequem gemacht, vor allem in den
Merkel-Jahren. Das war vermutlich nicht die Schuld der Bundeskanzlerin. Ihr Regierungsstil hat es den Deutschen aber
auch leicht gemacht, die hässliche Politik den Polit-Profis
zu überlassen.

Gewiss, sagt der Philosoph Volker Gerhardt, könne nicht
jeder Mensch »Machthaber oder Richter, Beamter oder Par-
teimitglied werden [...]« (Gerhardt 2007, 226), was ja auch
niemand erwartet vom mündigen, einsichtigen Menschen.

> *»Wohl aber hat er sich als Teil des sozialen Zusammenhangs
> zu verstehen, und sofern er daraus aktive Konsequenzen
> zieht, muss er zum Teilhaber an den gemeinsamen Angele-
> genheiten werden.« (Gerhardt, 226-227).*

Anders gesagt: Er/sie hat sich verdammt nochmal als
Bürger/Bürgerin zu begreifen, der nicht abseits steht, sondern einsteht für seine Meinung, seine Haltung, seine Bedürfnisse. Dann muss diese Bürgerschaft sich beteiligen,
mitmachen, eingreifen, vor allem, wenn es ernst wird.

Es ist ja schon lange ernst in Deutschland, und je-
der konnte es sehen. Die Erfolge der Rechtsradikalen und
Rechtsextremisten sind niemandem verborgen geblieben.
Sie waren immer offen und oft dreist kommuniziert worden.

Ich kann bis heute nicht verstehen, wie man durch und
durch abschreckenden und unsympathischen Politikerinnen
und Politikern wie Alice Weidel, Björn Höcke, Tino Chrupalla,

Maximilian Krah, Petr Bystron und anderen folgen kann, die eine brutale, rücksichtslose, menschenverachtende Ideologie vertreten und sich mit Macht und List und Tücke an die Spitze ihrer radikalen Partei und ins Parlament geboxt haben.

Schon gar nicht verstehen kann ich, wie man sie wählen kann. Wie kann man Typen zustimmen die in vielen Punkten und in ihrer Art, zu reden an die Zeit der nationalsozialistischen Gewalt- und Willkürherrschaft erinnern? Ist das nicht offenkundig? Wo war das politische Eingreifen der Bürgerschaft bei all den üblen Entgleisungen, den goebbelsverschnittartigen Tönen Höckes, den im Buch zitierten rassistischen, Menschen verachtenden Sentenzen? Es waren oft nur Einzelne, aktive, aufmerksame Gruppen oder Parteien, aber nicht die Allgemeinheit.

Das muss sich die »deutsche Mitte« schon zuschreiben lassen: lange Jahre nichts wirklich Wirksames unternommen zu haben gegen das Gift der Anderen. Die Schlangen konnten ja lange Gift sprühen und gnadenlos zubeißen und dabei den Eindruck erwecken, als jagten sie für eine stumme Mehrheit, die angeblich keine Stimme mehr hat in der Politik, was ein kompletter Unsinn ist, wie man jetzt an den Massendemonstrationen gegen rechts erkennen kann.

Aber es hat lange gedauert, bis sich die Mehrheit aufgerappelt hat, um für die Demokratie, für Freiheit und Gerechtigkeit, Gleichberechtigung und Freizügigkeit zu kämpfen.

Jetzt ist sie da. Ja, das ist ein gutes Zeichen, das Mut macht. Das soll nicht schlechtgeredet werden.

Warum ist es überhaupt so weit (nach rechtsaußen) gekommen mit »der Mitte«, vor allem mit CDU und CSU, die sich ja so gern als Gralshüter der Mitte verstehen? Von der kapitalfreundlichen FDP, die ihren kümmerlichen Kemmerich von Höcke zum Ministerpräsidenten küren ließ, wollen wir gar nicht erst reden. All die vermeintlichen Brandmauern zur AfD sind allenfalls Mäuerchen, die man bei Bedarf schnell übersteigen kann. Beispiele gibt es zur Genüge. In dieser Frage hat sich vor allem die CDU mehr als einmal als unglaubwürdig erwiesen. Das gilt insbesondere für den forschen Vorsitzenden der Partei und der Unionsfraktion im Deutschen Bundestag, Friedrich Merz.

Warum also ist es so weit gekommen? Der Frage kann man als Demokratin oder Demokrat leider nicht ausweichen.

War es der klammheimliche Wunsch der Bürgerlichen (- ich frage das als Bürgerlicher, der ganz anders denkt als die konservative Truppe um Spahn und Co -), dass die AfD-Wutpolitiker mit ihren perfiden Methoden schon dazu beitragen würden, die Ausländerquote zu senken?

Wenn man die Karriere der Werte-Unionisten um Hans-Georg Maaßen verfolgt hat, die Aussagen eines Horst Seehofer erinnert, den mutmaßlichen Putschversuch eines Eduard Stoiber, den Wolfgang Schäuble posthum mit seinen

Memoiren offengelegt hat, einbezieht, die Illoyalitäten von Spitzenbeamten des Sicherheitsapparats wie Dieter Romann (Bundespolizei) und Gerhard Schindler (BND), kann man zu dieser Annahme gelangen. Die konservativen Rebellen in der Union wollten eine andere Republik. Kurz gesagt:

Sie wollten ihr altes Deutschland wieder haben, das Deutschland der Kohl-Jahre. Das Deutschland der deutschen Identität.

Darum geht es ihnen doch, oder?

Um deutsches Wesen, deutsche Sprache, deutsche Werte, deutsche Familie, deutsche Siege, deutsche Nation und deutsche Nationalspieler. Unterschätzt mir die Zahl derjenigen nicht, die noch immer diesem nationalen Ideal huldigen. Sie trauern einer guten alten Zeit nach, die es nie gab. Heute verklärt man die einst komplizierte Kalte-Krieg-Zeiten der Verklemmung und der prügelnden Grundschullehrer, der Doppelmoral und des Muffs von tausend Jahren in Amtsstuben und unter Talaren. Warum verdrängt man die negativen Seiten dieser Zeit?

Die Politik hat vieles versucht und auch gut umgesetzt, um die Extremen fernzuhalten von den Hebeln der Macht. Aber allzu viele Biedermänner und Biederfrauen ließen die Brandstifter unters Dach ihres behaglichen Hauses, auf dass sie dort die Benzinfässer und Brandsätze deponierten, um sie bei Gelegenheit zu zünden – als ob sie nie Max Frisch gelesen hätten. War es die Rache der Mitte für die angeblichen kulturellen und identitätssprengenden Zumutungen, denen wir Deutsche durch Globalisierung, Individualisierung, freie Liebe und Lebensformen, Glaubensverlust und hybride Welten ausgesetzt sind und waren? Für all die Entwurzelungen, die Enttäuschungen, die gebrochenen Versprechen? Für den irrwitzigen Siegeszug eines Turbokapitalismus, über den Papst Franziskus sagte: »Diese Wirtschaft tötet«? Nancy Fraser nennt ihn kannibalistischen Allesfresser-Kapitalismus.

Entschuldigungen sind das niemals. Man hat »die in Berlin« ihren lange aussichtslos erscheinenden Kampf allein kämpfen lassen. Das war fahrlässig.

Und wenn wir bei Fehlern sind, muss man natürlich die fatale Anbiederung der Unions-Rechten an die AfD nennen, die so selten gar nicht ist und sich auch in pseudowissenschaftlichen Büchern und Artikeln, in Interviews und neokonservativen Thinktanks findet.

Die Merkel-Antipoden und verhinderten Putschisten in CSU und CDU haben maßgeblich dazu beigetragen, AfD-Narrative populär zu machen und in die gesellschaftliche Mitte zu tragen.

Wo die CSU noch Skrupel hatte, und die hatte sie tatsächlich dank Markus Söder und anderer Strategen, die dann auch massiv gegenhielten gegen die AfD, hat ein skrupelloser und verantwortungsfreier Freie-Wähler-Chef Hubert Aiwanger Öl ins populistische Anti-Eliten-Feuer der Ultrarechten gegossen. Wes Geistes Kind er ist, wissen wir längst. Er hätte längst zurücktreten . Aber leider wurde er ja gerade WEGEN seiner Haltung von seinen Anhängern gefeiert.

Freunde und Freundinnen bestätigen mir: Viele Deutsche denken inzwischen so. Die Verbrechen der Nazis berühren sie nicht mehr. Sie wollen den Schlussstrich. Als ob es nicht die latente Gefahr des Rückfalls gäbe!

Und so wurden und werden dann Terrorserien wie die des NSU und Brandanschläge möglich. Die Zahl der Straftaten und Übergriffe aus dem rechten Lager geht längst in die Tausende. Das ist pure politische Kriminalität mitten in Deutschland.

In Sachen AfD ist kein rechter Popanz aufgebaut worden. Das IST die personifizierte Demokratiefeindlichkeit.

Putin bedroht die Welt, und die verängstigten Bürger suchen händeringend nach einfachen Lösungen. Das ist verständlich. Im Nahen Osten brennt es, Menschenrechte werden mit Füßen getreten. Exzesse, wohin man schaut. In dieser Situation bieten die Rechtsextremen fatal-einfache Lösungen an.

Es gibt aber keine einfachen Lösungen in einer komplexen Welt. Es gab sie noch nie. Deshalb sind alle gefordert, Verantwortung für die Demokratie zu übernehmen. Ich jedenfalls will in Freiheit leben, nicht in der totalitären Diktatur von Rechtsextremisten, nicht in putinischen Repressionssystemen, in der Gegner vergiftet oder weggesperrt werden. Wie man dazu »Demokratie« sagen kann wie Gerhard Schröder oder führende AfDler, wird uns immer ein Rätsel bleiben. Und erst recht ist es mir ein Rätsel, wie man als Deutscher einem solchen Despoten die Stange halten kann.

Es ist gut, und es tut gut, dass die Deutschen nun auf die Straße gehen. Es ist gut, dass sie ihr Schicksal selbst in die Hand nehmen. Es ist gut, dass sie Verantwortung tragen. Es ist faszinierend, wie praktisch aus dem Nichts eine große Bewegung entstanden ist: Nie wieder ist jetzt! Die bisher schweigende Mehrheit aus der Mitte der Bevölkerung geht auf die Straße, um sich gegen Angriffe von Rechtsaußen auf die Demokratie zur Wehr zu setzen. Die übergroße Mehrheit in Deutschland zeigt, dass sie die Radikalisierung der Gesellschaft verabscheut.

Es sieht so aus, als ob die »schweigende Mitte« ihr Phlegma und ihre Resignation trotz der anhaltenden Krise der Ampelregierung überwunden und eine ganz eigene Sprache und Form des Widerstands gegen rechtsradikale und extremistische Feinde der Demokratie gefunden hat. Sie, die demokratische Mitte, muss auch aktiv dafür eintreten, dass dies sich bei Wahlen niederschlägt: Bei der Europawahl, bei Kommunalwahlen, bei den anstehenden Landtagswahlen. Vielleicht sollten die Regierungen im Bund und in den Bundesländern aber auch einfach mal besser regieren.

Good Governance tut not. Das schafft Vertrauen und hält Populisten klein.

Es geht um alles. Es geht um unsere Zukunft. Weil mir das wichtig ist, habe ich das Buch »Mutiger Protest gegen radikale Populisten« geschrieben.

Illingen, April 2024

AK

Europa verliert die Jugend – und vielleicht die Zukunft

Populisten grasen vor allem in Frankreich ab, weil die Kohorte der Alten wirkungsvoller adressiert wird

Aus Frankreich kommt kurz vor der Europawahl ein alarmierender Befund: Zwei von drei jungen Französinnen und Franzosen wollen am 9. Juni 2024 nicht zur Wahl gehen. Das ist das Ergebnis einer IPSOS-Umfrage für Cevipof (Centre de recherches politiques de Sciences Po), Le Monde, la Fondation Jean Jaurès et l'Institut Montaigne. Die Daten erregen auch bei anderen Kernthemen Aufsehen.

Nach dieser April-2024-Umfrage wollen 32% der Befragten die Liste Rassemblement National mit ihrem Spitzenkandidaten Jordan Bardella wählen. Damit hätte marine le Pen in Brüssel und Straßburg mächtigen Einfluss, viel stärker als bisher. Macrons Liste »Renaissance/ La République en Marche, Modem, Horizons et UDI) erreicht gerade einmal 17%. Eine Wiederauferstehung feiern die Sozialisten unter Raphael Glucksmann, die in der Sonntagsfrage Ende April bei 14% stehen. Deutlichen Abstand haben bereits die links-populistischen, EU-kritischen Mélenchon-Anhänger der Liste » France insoumise« unter Spitzenkandidatin Manon Aubry mit 7%; das ist ein ähnliches Ergebnis wie 2019. Die Grünen unter Marie Toussaint werden bei 6,5% gesehen, ebenso wie die konservativ-europafreundliche Liste Les Républicains, die von François-Xavier Bellamy angeführt wird.

Damit gibt es zwei Tendenzen, die Sorgen machen: der populistische Trend in Frankreich mit dem Rassemblement National auf der radikal rechten und France Insoumise auf der radikal linken Seite, die zusammen auf 39% kommen. Das ist gewaltig viel.

Sorgen macht aber auch, das die Parteien die Jugend nicht mehr erreichen und dass zwei Drittel der Befragten sagen: Ich werde nicht mehr repräsentiert oder adressiert. Also gehe ich am 9 Juni auch nicht zur Wahl.

Franceinfo hat junge Menschen auf der Straße befragt und dabei folgende wesentlich Entscheidungsgründe gefunden:

- Unsicherheit und mangelndes Wissen
- Gefühl der Nicht-Repräsentation (personell und thematisch)

- Falsche Prioritäten der Parteien (rückwärtsgewandt statt zukunftsorientiert)

- Fehlendes Verständnis der Entscheidungsträger für junge Menschen

Offenbar haben zumindest die französischen Parteien nichts aus der schon hohen Wahlenthaltung 2019 gelernt.

Es fällt auch auf, dass Präsident Emmanuel Macron mit seinen audiovisuellen Botschaften das Herz der jungen Menschen nicht erreicht und das politische Bewusstsein nicht wecken kann. Seine feierlichen Reden gehen ins Leere.

Der Beitrag von Matti Faye auf Franceinfo muss alle Verantwortlichen in der Politik alarmieren. Wenn es stimmt, dass zwei von drei jungen Französinnen und Franzosen zwischen 18 und 24 Jahren am 9. Juni nicht wählen gehen wollen, dann ist das ein Problem für die Demokratie. Die Demokratie in Europa verliert die Jugend und damit die Zukunft. Bei den 25-34jährigen ist die Situation ja noch schlimmer.

Dabei gibt es Möglichkeiten, das Blatt zu wenden.

Daniela Braun und Constantin Schäfer haben 2022 eine Aufsatz publiziert, in dem sie auf die hohe Wahlbeteiligung 2019 verwiesen und die Bedeutung von Kernthemen für Wählerinnen und Wähler herausgearbeitet haben.

Einfluss von Schlüsselthemen: Die Priorisierung von Schlüsselthemen wie Klimawandel, Wirtschaftswachstum und Einwanderung erhöht die Wahlbeteiligung junger Menschen bei Europawahlen. Ein stärkeres Interesse an der europäischen Integration erhöht ebenfalls die Wahrscheinlichkeit, dass junge Menschen wählen gehen. (Braun & Schäfer 2022).

In ihrem Abstract schreiben sie:

»In Anbetracht der unerwartet hohen Wahlbeteiligung bei der Europawahl 2019 untersuchen wir, wie wichtige transnationale politische Themen Wählerinnen und Wähler bei europäischen Wahlkämpfen mobilisieren. Basierend auf der Analyse von zwei Datensätzen, der Eurobarometer-Nachwahlbefragung und der RECONNECT-Panelbefragung, machen wir drei wichtige Beobachtungen. Erstens zeigen europäische Bürgerinnen und Bürger eine höhere Tendenz zur Teilnahme an Europawahlen, wenn sie den Themen "Klimawandel und Umwelt", "Wirtschaft und Wachstum" sowie "Einwanderung" eine größere Bedeutung beimessen. Zweitens erhöht eine extremere Meinung zum Thema "europäische Integration" die Wahrscheinlichkeit, bei Europawahlen zu wählen. Drittens wird der mobilisierende Effekt der persönlichen Themenbedeutung durch die systemische Bedeutsamkeit des jeweiligen politischen Themas während des Wahlkampfs verstärkt. Diese Ergebnisse zeigen die Relevanz der Themenmobilisierung bei Europawahlen sowie ihre kontextabhängige Natur.« (Braun & Schäfer 2022)

Kernaussage ist, dass die Wahlbeteiligung umso höher

ist, je mehr die Themen die Wählenden ganz konkret betreffen. Themenmobilisierung ist also fundamental bei Europawahlen, während Spitzenkandidat*innen kaum einen Einfluss haben. Das deckt sich mit der Straßenumfrage von franceinfo bei jungen Menschen. Wie Braun & Schäfer sehen auch Augustin & Schubert (2019) einen zentralen Punkt in der Adressierung: Kampagnen, die speziell auf junge Wähler*innen abzielen können die Wahlbeteiligung junger Menschen steigern, indem sie sie zur Stimmabgabe motivieren und zur Formulierung konkreter politischer Forderungen befähigen.

Das wird aber in der Kürze der Zeit bis zum 9. Juni kaum noch möglich sein. Es gibt einen fundamentalen Punkt, der sich signifikant von 2019 unterscheidet: Die Sorgen junger Menschen bezüglich steigender Lebenshaltungskosten und ihre Erwartungen an politische Lösungen beeinflussen ihre Wahlbeteiligung. Das Ignorieren dieser Sorgen könnte zu geringerer Wahlbeteiligung führen (Pereira 2023).

Offensichtlich ist auch kommunikative Ignoranz in Medien wie Tiktok, wo Extremisten sehr aktiv unterwegs sind, ein Manko der klassischen Listen und Parteien. Sie haben definitiv Nachholbedarf in Sachen prägnanter audiovisueller Kommunikation. Hier fehlen allerdings noch empirische Studien. Das ist ein Forschungsdesiderat.

Armin König/Esther Wagner

Literatur

Augustin, F., & Schubert, J. (2019). Vision oder Utopie? Junge Ideen für die Zukunft Europas. integration. https://doi.org/10.5771/0720-5120-2019-2-149.

Braun, D., & Schäfer, C. (2021). Issues that mobilize Europe. The role of key policy issues for voter turnout in the 2019 European Parliament election. European Union Politics, 23, 120 - 140. https://doi.org/10.1177/14651165211040337.

Faye,M. (2024): Européennes 2024 : »On ne se sent pas représentés«, ces jeunes électeurs nous expliquent pourquoi ils hésitent à voter. franceinfo 2.5.2024. https://france3-regions.francetvinfo.fr/grand-est/marne/reims/europeennes-2024-on-ne-se-sent-pas-representes-ces-jeunes-electeurs-nous-expliquent-pourquoi-ils-hesitent-a-voter-2963258.html

Ipsos (2024). Européennes 2024 | Le vote Glucksmann : une dynamique encore incertaine. https://www.ipsos.com/fr-fr/europeennes-2024/europeennes-2024-le-vote-glucksmann-une-dynamique-encore-incertaine

Stolwijk, S., & Schuck, A. (2019). More interest in interest: Does poll coverage help or hurt efforts to make more young voters show up at the ballot box?. European Union Politics, 20, 341 - 360. https://doi.org/10.1177/1465116519837351.

Teinturier, B. (2024): 2024 Elections européennes. Analyse. Le Monde 29.4.2024. https://www.ipsos.com/fr-fr/europeennes-2024/europeennes-2024-le-vote-glucksmann-une-dynamique-encore-incertaine

Printed in France by Amazon
Brétigny-sur-Orge, FR

21351016R00121